Lisa Bevere

¡Fuera de control y disfrutándolo!

Título original de la obra en inglés:
Out of Control and Loving It!
Copyright © 1996 por Lisa Bevere

¡Fuera de control! y disfrutándolo
Copyright © 1998 de la edición
en español por Casa Creación
Todos los derechos reservados
ISBN 0-88419-555-4

Casa Creación
Strang Communications
600 Rinehart Road
Lake Mary, FL 32746
Tel (407) 333-7117
Fax (407) 333-7100
Internet http://www.strang.com

Este libro no puede ser copiado ni reproducido bajo ninguna forma sin el permiso escrito de los editores.

A menos que se indique otra cosa,
las referencias bíblicas incluidas en este libro
corresponden a la versión Reina Valera Revisada de
1960 © Sociedades Bíblicas Unidas. Usada con permiso.

Impreso en los Estados Unidos de América

Primera edición, 1998

Reconocimientos

Mi apreciación más profunda es para mi esposo, John, que creyó en mí lo suficiente para nunca permitirme permanecer cómoda, sino que siempre me desafió a entrar en la dimensión de la gracia de Dios y llamado en mi vida. Que nunca nos quedemos satisfechos hasta que veamos Su gloria. Tú eres realmente el don de gracia de Dios, mi amigo y mi confidente más cercano.

A mis cuatro hijos preciosos. Addison, tu ternura, determinación y celo por la justicia son dignos de admirar. Austin, tu creatividad, sensibilidad y valentía son de inspiración. Alexander, tu amor, gozo y risa son deleitosos. Arden, tu fuerza y gran determinación me desafían a vivir la vida al máximo. Hijos, yo les amaré profundamente para siempre. Cada uno de ustedes es una bendición única y especial de Dios.

A mi madre, cuyo ánimo durante todo este proyecto significó tanto para mí. Lo mejor está aún por delante.

A nuestro equipo entero de Ministerios John Bevere. Que Dios recompense su diligencia fiel.

Al equipo de Casa Creación que trabajó a la par. Steve y Joy, los consideramos compañeros y amigos en este ministerio.

A mi Padre Dios. Tú conoces más que ningún otro cuan totalmente imposible hubiera sido este libro sin Tu dirección y guía. Yo me entrego a Tu gracia, en eterno agradecimiento.

Contenido

Prólogo por John Bevere /6
Introducción /9

PARTE I: LA MUJER CAUTIVA

1. Despiértate, hija de Sión /14
2. Levántate de entre el polvo /18
3. El pasado no es tu futuro /24
4. Es tiempo de inquietarnos /33
5. Jesús, ¿vendrá por una esposa o una novia? /41
6. Sacúdenos para despertarnos /55

PARTE II: EL FRUTO DEL TEMOR

7. ¡No eres lo que ves! /66
8. Hijas del desierto /74
9. En control y odiándolo /81
10. El temor: la batalla para tu mente /97
11. Escapando el enojo /113
12. Los chismes: más que meras palabras /126
13. ¿Auto-negación o auto-abandono? /147

PARTE III: LIBRE AL FIN

14. Por encima de tu cabeza y fuera de control /160

Epílogo /173
Apéndice: Proverbios relacionados con los chismes /176

Prólogo

por John Bevere

VIVIMOS EN UN MUNDO en donde abunda la injusticia. Hoy, más del 65% de nuestra población ha sido afectada por la tragedia del divorcio. Esto resulta, a menudo, de palabras y acciones hirientes. En nuestros días muchos han sido abusados, sea verbal o físicamente. Lo que empeora el problema del abuso es que ocurre más a menudo por las manos de las mismas personas que debieran nutrir y proteger a los abusados. Aún más dañino resulta el hecho de que la mayoría del dolor es infligido durante la infancia cuando la personalidad y los puntos de vista de la vida se están desarrollando.

Nadie ha escapado la abundancia de odio, celos, avaricia y egoísmo que han dado lugar a brechas y traiciones en las relaciones dentro de nuestra sociedad. Todo esto y mucho más, está contribuyendo al problema mayor llamado "falta de confianza".

A la luz de esto, muchos no se animaría a aceptar estar fuera de control. Mas bien, la mayoría diría: "Estar fuera de control y despreciándolo es la manera

Prólogo por John Bevere

que lo siento." A causa de esta falta de confianza en el mundo de hoy, muchos se esfuerzan en tomar control de sus vidas y su medio ambiente, pensando que es la única manera de sobrevivir. La gente cree que estar en control significa que tendrá seguridad y éxito. En estos tiempos los hombres, y en especial las mujeres, son enseñados, sea directa o indirectamente, a ser independientes y auto-sustentadores. Ellos aprendieron cómo controlar.

En este libro, Lisa muestra que aquellos que controlan sus vidas, relaciones y medio ambiente son aquellos que están aprisionados. La misma libertad que buscan la han perdido. De la misma manera, quienes han entregado el control al Señor son quienes realmente están en control y caminan en vida y libertad.

Jesús dijo: "Porque todo el que quiera salvar su vida, la perderá; y todo el que pierda su vida por causa de mí, la hallará" (Mat. 16:25). Estas son palabras fáciles para recitar, pero son palabras difíciles de vivir, especialmente en una sociedad donde abunda el egoísmo.

Este libro trata sobre estas palabras de Jesús. Es un libro muy práctico que mostrará cómo entregar el control a nuestro Salvador y encontrar la paz que tantos están buscando. El conocimiento revelatorio contenido en este libro es profundo y podrá cambiar las vidas. Cuando leí los capítulos, exclamé: "No solo debieran leer este libro las mujeres, sino también los hombres." Puedo ver que muchas parejas lo leerán juntos.

Al estar casado con Lisa, puedo decir en honestidad que las verdades que experimentarán en este libro no son simplemente enseñanzas estudiadas. Yo he caminado con ella cada una de las enseñanzas. He sido testigo de la obra transformadora del Espíritu Santo en su vida. Ella ha crecido rápidamente en el Señor por su disponibilidad de ser abierta y honesta acerca de sí misma en el tiempo del entrenamiento del Señor. Su ejemplo me ha animado a ser abierto y honesto acerca de mi propia vida también. Al leer el libro no tendrás temor de abrir las áreas resguardadas de tu propia vida a Quien te ama.

No hay otra persona a quien respete y ame mas que a Lisa. Confío en ella con mi vida, no solo porque es mi esposa y mi mejor amiga, sino porque es una mujer que realmente teme al Señor.

Gracias, Lisa, por ser la madre y esposa espiritual que eres. Gracias por obedecer al Maestro, y presentar Su mensaje. Estoy agradecido al Señor por el privilegio de estar casado contigo.

—JOHN BEVERE
AUTOR Y CONFERENCISTA
MINISTERIOS JOHN BEVERE

Introducción

ALGUNOS DE USTEDES QUE estén leyendo este libro quizás encuentren a sus vidas fuera de control—¡y odian encontrarse así! Todo lo que está al rededor está en caos. Las cosas están fuera de control porque tú estás en control. Dios nos quiere desafiar a soltar la administración de nuestras vidas de modo que estemos fuera de control—¡y disfrutándolo!

Este libro es la historia de mi viaje personal desde un control fanático y lleno de temores al lugar de descanso bajo el control de Dios. Yo he sido brutalmente abierta y honesta en la esperanza de que también te veas reflejada en mis temores y necedades. Por lo tanto, al leer este libro, deja que refleje en tu propia vida y no en la vida de otro.

Somos gente de transición. Durante la transición Dios está más preocupado con nuestra condición que nuestra comodidad. Porque esto es verdad, a menudo Él permite que hayan terremotos en nuestras circunstancias, finanzas, posición social, seguridad y relaciones. Las estaciones de cambio son cruciales,

¡FUERA DE CONTROL Y DISFRUTÁNDOLO!

tiempos críticos en nuestras vidas. En medio del torbellino de transición y desconcierto descubrimos de qué estamos hechos, y quién realmente está en control.

Yo encontré que cuando yo estaba en control acababa con un enredo. Aunque yo deseaba enmendar el enredo, tenía miedo de soltarlo por temor a que creciera más de tamaño. Bueno, es tiempo de soltar. Cuando Dios está en control, aún nuestros enredos son ordenados bajo Su cuidado. Éste no es libro sobre la indiferencia: es un libro sobre interesarnos y amar lo suficiente para soltarnos.

Quizás te estés lamentando: "¡Yo me soltaría si tan solo supiera cómo hacerlo!" Podrás soltarte cuando sujetes tu voluntad a la voluntad de Dios. Es cuando perdemos nuestras vidas que Él pueda salvarlas.

Todos tenemos áreas en nuestras vidas en donde hemos entregado nuestra custodia. Sin embargo, hay otras áreas que tenemos temor de confiar, aun al cuidado de Dios. Dios nos está pidiendo que nos entreguemos completamente, para que Él pueda rodearnos de Su protección y cuidado. Él quiere que nos entreguemos "de cabeza".

Me gustaría comparar el soltarse al proceso de aprender a nadar. Puede ser una experiencia tanto emocionante como aterrorizante. Para poder nadar debes primero aprender a flotar, permitiendo que el agua te sostenga. Sólo entonces podrás descubrir la libertad de nadar. Este principio natural refleja la transición espiritual de nuestro lado natural al gobierno del Espíritu Santo.

El cuerpo de Cristo es la fuerza colectiva de todos sus miembros. Dios está en el proceso de sanar cada coyuntura y miembro de Su cuerpo. Para lograrlo, Él está tratando con cada uno de nosotros como indi-

Introducción

viduos de manera que podamos ser sanos. Este libro es mi testimonio a este trabajo de refinamiento en mi vida personal. Aunque a este refinamiento le falta para ser completado, yo creo que el testimonio de este proceso te animará a olvidar lo que queda atrás y extenderte hacia lo que está delante (Filipenses 3:13).

Parte I

La mujer cautiva

1

Despiértate, hija de Sión

"Despierta, despierta, vístete de poder, oh Sión; vístete tu ropa hermosa, Oh Jerusalén, ciudad santa, porque nunca más vendrá a ti incircunciso ni inmundo. Sacúdete del polvo; levántate y siéntate, Jerusalén; suelta las ataduras de tu cuello, cautiva hija de Sión".

—Isaías 52:1–2

COMIENZO CON ESTA ESCRITURA porque considero que dentro de esta imagen dramática hay una riqueza de verdades. Estas verdades comenzaron un despertar en mi vida, un despertar que resonó por mi alma hasta que todo mi ser fue alcanzado. Comparto este mensaje precioso de libertad contigo. Te invito a meditar y analizar conmigo, investigando cada segmento buscando la verdad oculta. Juntas visitaremos esta hija cautiva de Sión.

Puedo imaginarla encadenada a un muro de piedra. Puedo ver las pisadas en las tierra polvorienta donde ella luchó por escapar. Su cuello ha quedado encarnizado donde el yugo metálico lo rodeaba. Ella camina a lo largo de su cadena, retomando cada paso, en la búsqueda de alguna llave que la ponga en libertad.

Ella mira cuidadosamente el polvo, examinando y probando cada rajadura en la pared.

Sin esperanza y desanimada ella se sienta en el polvo, sus hombros abatidos, sus ropas en trizas, sus fuerzas agotadas. Aunque es de día, ella cae en un sueño inquieto de agotado estupor.

Luego puedo ver llegar al mensajero fuerte. Me asomo sobre sus hombros mientras él se compadece de esta mujer, agobiada y herida. Él se para frente a ella mirándola en silencio mientras ella sacude su cabeza entre sueños. Repentinamente, él toma un paso adelante, la sacude, y la llama por nombre.

Despierta, despierta, vístete de poder. Vístete tu ropa hermosa . . . sacúdete del polvo; levántate y siéntate . . . suelta las ataduras de tu cuello, cautiva hija de Sión.

Ella lucha para ponerse de pie, meciéndose débilmente, y señalando a la pared, a la cadena y su yugo.

"Ayúdame," ella ruega mientras se estira por la mano del mensajero, pero él se aleja fuera de su alcance.

Una vez más, él repite su mensaje, hace una pausa, se da vuelta y se va caminando.

Ella lo llama en su confusión, pero el viento le arrebata la voz, y él no regresa. Ella se lamenta, "La pared es muy sólida; mi cadena, demasiada pesada; y yo, ¡demasiada débil para levantarme de todo esto!"

En su desesperación ella tira de su cadena hasta que ya no puede aguantar la presión de resistir. Por lo menos ella puede sentir lo que está detrás de ella y lo que está por delante de ella.

Yo repasaba esta escena vez tras vez en mi mente, sintiendo agudamente su dolor y frustración. ¿Por qué

¡Fuera de control y disfrutándolo!

tenía una visión tan clara? Porque yo también era una hija cautiva de Sión.
Es una contradicción que una hija de Sión esté cautiva. Una hija es una heredera, ¡y una hija de Sión es una heredera de Dios! ¿Cómo podría ser posible que cualquier hijo de Dios estuviera en cautiverio? Sin embargo era verdad que yo era prisionera.
Me consolaba diciendo: *Quizás si atiendo este seminario; si aquella persona ora por mí, sería libre.* Por lo tanto, con cada nueva enseñanza o sermón, retrocedía para salir corriendo, anhelando romper mis ataduras, declarando, "¡Este vez he soportado demasiado!" Pero mi cadena era demasiado fuerte, y me arrastraba nuevamente a la amarga realidad de mi cautiverio.
Cansada de la continua desilusión, me resigné a mi condición. Decidí que era mejor no tener esperanza, que tener esperanza y volverme a desilusionar. Por lo tanto, escondí mis cadenas y continué moviéndome calladamente dentro de los confines de mis restricciones.
Luego el Espíritu Santo sopló las palabras de Isaías 52:1–2 en mi camino. Me intrigaron sus dramáticas imágenes y contraste. Tracé un paralelo entre esta prisionera de la antigüedad y yo misma.
Así comenzó mi búsqueda. Ningún hombre, mujer o ministerio podría jamás liberarme. Mi libertad estaba escondida en algún lugar de este mensaje de parte de mi Padre, mi Hacedor.
En mi mente yo visitaba muchas veces a esta hija cautiva de Sión. Cada vez parecía estar peor, más desesperanzada que antes. La última vez que la vi, ella estaba sentada silenciosamente en el polvo mientras el mensajero le hablaba.
Ella apenas levantó su rostro mientras calladamente observaba alejarse al mensajero. Parecía que el sol se había ocultado en su esperanza de libertad. ¿Quién

Despiértate, hija de Sión

era este mensajero? Su enemigo, ¿lo había enviado para burlarse con sueños que nunca serían realidad?

Pero esta vez, mientras el extraño subía la colina que nuevamente lo alejaría de su vista, él se dio vuelta y miró hacia atrás. Confundida, ella pudo vislumbrar su relieve contra el sol poniente. El viento llevó sus palabras hacia sus oídos nuevamente. "Despiértate, despiértate, oh Sión..." Pero esta vez la voz fue diferente. Ella reconoció quién la estaba llamando. Era la voz de quien ella había amado hacía mucho tiempo. En lo profundo de su ser ella percibió una fuerza extraña. ¿Qué pasaría si ella se atrevía a oír y aferrarse al significado de estas palabras?

Ella levantó su rostro, y su mirada se encontró con la suya. Aunque estaba ya lejos, ella podía escuchar el mensaje claramente, "Libérate de las cadenas de tu cuello, o hija cautiva de Sión." Él sabía quién era ella. Ahora ella le conocía a Él también: era su Padre quien llamaba. ¡El mensajero había sido enviado por Él!

Yo creo que esta imagen ilustra la condición de la mayoría de las mujeres en el cuerpo de Cristo. Herederas—sin embargo, cautivas. Libres—pero atadas.

¿Qué vio esta hija sensible? ¿Cómo vino en sí para descubrir su libertad?

Yo creo que este libro presenta tal viaje para tu vida. Yo creo que lo tienes en tus manos por una razón y un propósito. Este mensaje liberará a las hijas de Sión que aún serán reveladas, una generación esperando su liberación. Yo las veo levantando sus rostros, escuchando en el viento del Espíritu Santo.

Yo oro para que a través de estas verdades puedas encontrar tu liberación y lograr tu destino. Quizás dudes de mis palabras, pero atrévete a confiar en tu Padre Dios.

2

Levántate de entre el polvo

Tantas cosas suceden en Isaías 52:1-2 que considero necesario señalar cada paso del proceso de Dios. Por lo tanto, lo examinaremos punto por punto, proceso por proceso. Sigamos profundizando y miremos más de cerca a esta mujer y el mensaje.

Directivas urgentes

"Despierta, despierta, oh Sión..." Es importante notar que el mensajero repite estas palabras. Esto realiza dos propósitos: 1) la despertó de su sueño y 2) la alertó a su verdadera condición.

Las palabras la arrebataron de una somnolencia que la había envuelto, sacándole del sueño en la cual estaba escondida. Ella estaba atrapada por su pasado y también temerosa del futuro. Estaba dando un paso hacia adelante mientras seguía mirando atrás.

La mayoría de las mañanas en que despierto a mis hijos para el colegio, trato de ser agradable, cantando, "Es hora de levantarse". Disfruto al mirarlos cuando se estiran y vuelven sus rostros somnolientos hacia mí mientras sus ojos parpadean ante la luz matinal. Quizás los motive suavemente para que se muevan con mayor velocidad diciendo: "Papá está haciendo panqueques". Ellos sonríen y bajan de sus camas. El proceso de la mañana ha comenzado.

Pero hubieron otras mañanas—en las cuales nos levantábamos atrasados en el horario. Mi estilo de despertarlos es totalmente diferente en esos días. Entro como un torbellino a sus dormitorios, prendo la luz, y ordeno, "¡Levántense!" Una vez que me prestan atención, les informo del horario atrasado, y de la urgencia del momento. "¡Te recogen en quince minutos!" Los ojos se abren bruscamente y mis hijos saltan en acción. No hay tiempo para panqueques en estos días. Todo es una lucha para sacarlos de la puerta justo a tiempo.

Recuerdo haber sido despertado de este modo cuando yo era niña. Nunca era agradable. Pero era peor despertarme y descubrir que había perdido mi transporte. En la primera instancia tienes la oportunidad de vencerle al reloj, pero en la segunda, el reloj ya te ha vencido.

Al sonar el llamado a despertarse dos veces, creo que el mensajero estaba diciendo: "¡Levántate! ¡Es muy tarde y estás en peligro de permanecer cautiva!"

Pero esta hija de Sión estaba adormilada con opresión y depresión. Estaba en retirada y sola. Restringida y agotada. Ella se preguntaba si alguna vez sería libre.

Notemos que el mensajero la llamó por su nombre—oh Sión. Él quería que ella supiera con toda seguridad que estaba hablando directamente con ella. Esto no es una alarma general, sino un mandato específico. Él sabía quién era ella aunque ella pensaba que había sido olvidada.

¡Fuera de control y disfrutándolo!

Vístete

Él reconoce su debilidad, y le dice; "Vístete con fuerza." Él no ofreció fortalecerla, sino que le dijo que ella se fortaleciera a sí misma. Seguramente ella habría pensado, *Yo no tengo fortaleza.* Cuando llegamos al fin de nuestra propia fuerza encontramos la fuerza de Dios. Un prisionero cautivo no tiene fuerza natural. No era la clase de fuerza que necesitaba. Ella necesitaba fortaleza interior, la clase que solo Dios puede suplir. Ella necesitaba sacar de Su pozo de agua, la fuente de fuerza interior, el manantial que nunca falla. Ella levantó su cabeza.

Señalando las vestimentas que le habían sido quitadas, el mensajero le urgió: "Ponte tus vestiduras de esplendor." Yo creo que esas vestimentas representaban sus sueños rotos y sueños descartados, los cuales fueron quitados por una desilusión y abuso continuos. Este mensajero se las alcanzó en sus manos. Ella se maravilló de que se habían mantenido seguras e intactas. Ella había temido nunca más volverlas a ver. Sujetándolas en su mano, ella pensó: *¿Me atrevo? Yo fracasé cuando era más joven y más fuerte. Fui infiel. Estas vestimentas, ¿serán aún mías?*

El mensajero percibió su temor y le reaseguró en términos más íntimos: "Oh, Jerusalén, ciudad santa, porque nunca más vendrá a ti incircunciso ni inmundo".

Con esto le dijo: "Yo sé lo que eres, lo que has hecho, y lo que te ha sucedido." Luego él se dirigió a su temor al fracaso y reiterado hostigamiento. Él le aseguró que ya no sería más violada, contaminada ni arrebatada de su dignidad. Ella sería santa, renovada y protegida.

Sión representa todo aquello que es de descendencia

Levántate de entre el polvo

judía. Esto incluye la semilla natural de Abraham, la cual es la nación de Israel, y la semilla espiritual de Abraham, que es la iglesia. La palabra *Jerusalén* en este pasaje señala a la ciudad santa, "preparada como una novia adornada para su marido" (Apoc. 21:1). El mensajero habló cariñosamente para restaurarla, llamándola como un remanente del todo.

SACUDE EL POLVO

"SACUDIR EL POLVO" SIGNIFICA quitar agresivamente todo lo que la había ensuciado y embarrado. El polvo es la sobra de los viajes y fracasos pasados. El polvo es llevado por el viento pero se acumula en las vacíos quietos. Se posa sobre la tierra árida sin vegetación ni humedad, produciendo tierras de hambruna. El desierto más desolado de todos es nuestro pasado. No tiene vida: su tierra árida es insaciable, absorbiendo nuestra misma vida.

Esta mujer desesperada estaba rodeada de polvo. Cada nuevo viento soplaba más polvo por su camino—el polvo de las heridas y fracasos pasados. Cuanto más nos sentamos en nuestro pasado y cuando más lo estudiamos, más estamos destinados a repetirlo. Debemos sacudirlo.

La hija de Sión sacudió el polvo de sus hombros y brazos. Ella lo limpió de sus ojos, y lo arrojó de su cabello.

LEVÁNTATE Y TOMA TU LUGAR

EL MENSAJERO LE DIJO, "Levántate". Ella se levantó y dejó el pasado en el suelo.

Luego le fue dicho: "Siéntate, oh Jerusalén".

La amada del Señor ya no se sentaría más en sus

¡Fuera de control y disfrutándolo!

errores, abusos y fracasos pasados. Una posición de autoridad delegada le esperaba. Ella debía descansar en esta posición, ejercitando y disfrutando los derechos y privilegios provistos. Este trono es para los hijos de Dios, los quebrantados y humillados.

Habiendo entregado estos pactos y promesas, el mensajero exclamó: "Suelta las ataduras de tu cuello, cautiva hija de Sión."

Él reconoció que ella era cautiva, pero le informó que no tenía que permanecer así. Él le aseguró que estaba dentro de ella el poder para librarse de las cadenas de ataduras.

Las cadenas no ataban sus manos ni pies, ni rodeaban su cintura. Rodeaban e inmovilizaban su cuello. Aunque ella podía mover sus manos y piernas, ella estaba atada y restringida por el cuello.

Ella se movió cautelosamente, consciente de sus límites. Pero, animada por la esperanza de la libertad, ella comenzó a sentir lo que ella no podía ver. Cuando ella se había sacudido y limpiado el polvo de sus vestimentas, creyó sentir algo.

Entonces levantó el collar de sus harapos destrozados y extendió la mano hacia su corazón. Sus cadenas le habían impedido ver, pero su mano pudo trazar el relieve de una llave que reposaba sobre su pecho. Ella levantó la llave hacia la luz de sol poniente y la dio vuelta en su mano. Ella nunca había visto el candado que sellaba el yugo alrededor de su cuello. Todo lo que ella podía hacer era sentirlo. Pero ella estaba segura de que debía ser la llave. Su Padre la había escondido allí justo para tal momento. Ella insertó la llave en el candado, y con un crujir de óxido, sus cadenas cayeron a sus pies.

Muchas de nosotras estamos atadas a una pared. Podemos mover nuestros brazos y piernas, pero

Levántate de entre el polvo

nuestra actividad no nos lleva a ninguna parte. Estamos cautivas por nuestros cuellos.

La llave a la libertad ya está escondida en los corazones de quienes se atreven a creer. No es la llave a algo... sino a Alguien.

> He aquí, yo estoy a la puerta y llamo; si alguno oye mi voz y abre la puerta, entraré a él, y cenaré con él, y él conmigo.
>
> —APOCALIPSIS 3:20

Depende de nosotras usar la llave y abrir la puerta de nuestros corazones cautivos.

3

El pasado no es tu futuro

Quizás sientes que conoces la mujer en el capítulo uno. Quizás te recordó a una amiga, hermana o pariente. Quizás la conexión es más profunda: reflejada en esta mujer viste tu propio dolor, frustración, sueños quebrados y cautiverio.
Como ella, también te has enojado y frustrado por los mensajes de libertad que solo te han causado sentirte más atada. Quizás tanteaste buscando la mano del mensajero, esperando ayuda o apoyo, solo para encontrar que ha escapado de tu alcance. Has luchado, pero eventualmente has vuelto a caer en el polvo de tu pasado.
Cuando hayas llegado al fin de ti misma estás madura—no, desesperada—por un cambio. Quizás estés diciendo ahora mismo, "Lo he intentado tantas veces, y ¡no funciona!" Tengo una palabra de Dios para ti: Tu pasado no es tu futuro.
Si medimos nuestro futuro por nuestro pasado, estamos destinados a repetirlo. Es un error creer que al estudiar nuestros fracasos pasados, traumas u

abusos que podremos prevenir o corregir los presentes. Mirando a nuestro pasado no garantiza nuestro futuro—lo evita. Cuando investigamos, analizamos y penetramos en todos nuestros ayeres, estamos limitados a nuestra propia información acumulada de abuso o decisiones equivocadas. Apoyarnos en nuestra propia sabiduría y experiencia no salvaguardará nuestro futuro.

Necesitamos alguien mayor y más sabio que nosotros para guiarnos y protegernos—necesitamos a Dios. Él conoce el fin desde el principio. Él solo ve toda la imagen claramente, mientras nosotras solo vemos un fragmento, oscuramente (1 Cor. 13:12). Él es independiente del tiempo, mientras nosotros estamos sujetos al tiempo. ¿Cómo podremos recibir esta sabiduría?

Primero debemos tratar a nuestro pasado tan como Dios lo indica. Entonces, ¿cómo procesa Dios nuestro pasado? ¿Cuál es Su instrucción?

Tu pasado ya pasó

> Hermanos, yo mismo no pretendo haberlo ya alcanzado. Pero una cosa hago; olvidando ciertamente lo que queda atrás, y extendiéndome a lo que está por delante, prosigo a la meta hacia el premio del supremo llamamiento de Dios en Cristo Jesús.
>
> —Filipenses 3:13–14

Un día el Espíritu Santo me habló, contrastando este versículo con lo que aparece ser un aplicación actual. Él advirtió: "La iglesia está esforzándose por lo que queda atrás, y olvida lo que está por delante."

Cuando nos estiramos hacia atrás y tratamos de

¡Fuera de control y disfrutándolo!

encontrarle sentido a todo lo que sucedió en el pasado, tendremos la tendencia de quedar frustrados. Al continuamente volver a recrear, repasar y rebobinar, construimos diferentes escenarios a lo que podría haber sido. Es como tratar de caminar hacia adelante mirando hacia atrás. Pensamos, *Si tan solo yo hubiera hecho esto o aquello, las cosas hubieran resultado diferentes*. Sí, es verdad, las cosas hubieran sido diferentes. Pero no las hiciste de manera diferente, y pensar en ello *ahora* no cambiará el *entonces*. Tu pasado, no importa cuán trágico o terrible, ya pasó. Nunca podrás volver hacia atrás y cambiarlo.

Aún las partes maravillosas de tu pasado ya no están. No trates de vivir con esos recuerdos y permitirles que te roben la vida en el presente. Solo agotarán tu tiempo y energía.

Dios nunca se vuelve atrás, aunque Él es el único que lo puede hacer. Él siempre está mirando hacia adelante, y moviéndose más allá del presente.

Cuando Adán cayó, Dios no se sentó a pensar, *¿En qué me equivoqué? ¡Nunca debiera haber plantado aquel árbol! Debiera haber colocado un ángel para guardarlo. Ahora tendré que volver a empezar. Mejor lo pienso bien para que esto no vuelva a suceder.*

No, Dios explicó a Adán y Eva las consecuencias inmediatas y de largo alcance de sus acciones. Sin embargo, en medio de esta triste separación, Él profetizó su redención de la caída y la maldición del pecado (Génesis 3:15).

Esta es una verdad trágica: puedes pasar tu vida entera intentando descubrir por qué estás enredado, y aún seguir enredado cuando lo hayas descubierto. Toda tu búsqueda te hará saber el *por qué*. Pero sabiendo el por qué no produce el poder para cambiar. Tú también deberás conocer el *Quién*. No se va al problema buscando la respuesta. Se va desde el problema hacia la respuesta. Nuestra respuesta es Jesús. La pregunta es, ¿Creemos que lo que Él hizo fue suficiente?

Demasiado a menudo permitimos que el enemigo nos engañe a creer que nuestro caso es único o que nuestro dolor demasiado grande para Dios. Pensamos, *Soy una excepción especial, y por lo tanto requiero tratamiento especial.* Entonces reunimos toda la información y contamos nuestra historia, tratando de descubrir por qué algo sucedió. Desgraciadamente, sabiendo el por qué no necesariamente significa que podamos encontrarle sentido a lo sucedido.

Nuestra amigo, la mujer de Isaías 52:1–2, representa a Israel cuando fue llevado cautivo por olvidar a Dios. La gente había realizado toda clase de idolatría, había roto cada mandamiento que Dios había dado, y era orgullosa y altiva (ver Is. 14:1).

En este cautiverio los israelitas se sintieron desesperanzados y abandonados. Ellos tenía miedo que Dios los dejara en su esclavitud. Su culpa pesaba tanto sobre ellos que dudaron que Dios podría alguna vez perdonarles su iniquidad. Al mirar a su alrededor, a los ciudadanos babilonios y la tierra extraña de cautiverio, todo lo que podían hacer era recordar lo que había sido. Sus fracasos estaban permanentemente ante ellos.

Pero cuando Dios les habló durante esta cautividad los consoló y les presentó una imagen muy diferente—una de esperanza. Él quería que ellos se animaran a creer que Él una vez más los restauraría. Él les dijo que olvidaran sus fracasos e infidelidades pasadas.

No temas, porque no serás avergonzada; no seas

¡FUERA DE CONTROL Y DISFRUTÁNDOLO!

confundida, porque no serás afrentada. Pues te olvidarás de la vergüenza de tu juventud, y de la afrenta de tu viudez no tendrás más memoria.

—Isaías 54:4

Dios no dijo, "Yo quiero que recuerdes tu vergüenza y aprendas de ella." Él dijo, "Olvida la vergüenza porque yo ya lo he hecho." Él trató con sus temores, exhortándoles: "No tengan temor. Yo no dejaré que sean avergonzados ni humillados. Yo no les recordaré el pasado así que tampoco dejen que ninguna otra persona lo haga—olvídenlo." En esencia Dios estaba diciendo, "Una vez fuiste aquello; ahora te he hecho nuevo; ¡pronto serás esto!"

He aquí que yo hago una cosa nueva; pronto surgirá. ¿No la conoceréis? Otra vez os haré un camino en el desierto, y ríos en el sequedal.

—Isaías 43:19

Dios disfruta de convertir nuestros tierras desoladas en prados fértiles. Él tiene un plan para irrigar nuestra tierra árida. Él conoce el plan; nosotros no.

Aquellos que miran atrás dicen; "Mañana será como hoy, porque hoy es como el ayer." Esta no es la manera como Dios mira las cosas. Él comprende que nuestra naturaleza humana batalla con el temor, por lo consiguiente, Él nos anima.

Porque yo sé los planes que tengo acerca de vosotros, dice Jehovah, planes de bienestar y no de mal, para daros porvenir y esperanza.

—Jeremías 29:11

Notemos que Dios no da un bosquejo del plan ni

dice: "Conocerán el plan." Él solo nos asegura que conoce el plan, y que es bueno. Claro que nos gustaría conocer los detalles. Queremos saber cuándo, dónde, cómo y con quién. Yo tengo una teoría que si aun Él nos dijera todos estos detalles específicos todavía estaríamos preguntando por qué. Así es que Él no da informes específicos y nos da la oportunidad de confiar en Él. Nos sentimos sobrecargados si tratamos de entender todos estos elementos. No lo podemos hacer. No tenemos la información necesaria. Aún cuando hemos creído que entendimos el plan, Dios nunca hace lo que esperamos. En realidad, Él hace aún más.

> Y a aquel que es poderoso para hacer todas las cosas mucho más abundantemente de lo que pedimos o pensamos, según el poder que actúa en nosotros.
>
> —Efesios 3:20

Atrévete a confiar cuando no puedes ver ni comprender. Decide a confiar en Dios en lugar de permanecer en tus temores. Esta es la fuerza poderosa que separa a los creyentes de los inconversos. El conocimiento completo no requiere fe. Dios nos desafía a simplemente confiar en Su palabra.

Mi esposo, John, siempre comparte esta verdad, "Solo una persona puede sacarte de la voluntad de Dios—¡tú mismo!" Ningún hombre, mujer, ministro, ministerio, padre, cónyuge o amigo puede hacerlo. Sólo tú. Cuando te decides estar de acuerdo con la voluntad y el plan de Dios para tu vida, las opiniones de los hombres, mujeres, organizaciones y diablos no tendrán importancia. No importa cuántas veces hayan fracasado quienes te rodean. No importa cuántas veces hayas fallado. Dios nunca falla. Si Dios está a favor de ti, ¿quién podrá estar en contra? (Rom. 8:31). El propósito de Dios prevalecerá—a menos, claro, que elijas no creer.

La decisión es tuya

El punto más sobresaliente de Isaías 52 es que la libertad de la mujer dependía totalmente de que *ella* tomara acción, no Dios. Era su respuesta a la directiva de Dios lo que determinó su destino. Dios ya había suplido todo lo que ella necesitaba para lograr su liberación, pero ella tenía que actuar en el mensaje. Tenía que mezclarlo con fe. Ahora era su decisión—de creer o permanecer cautiva.

A menudo hacemos responsables a los otros. Queremos que ellos nos ayuden. Miramos a la familia, amigos o ministerios, pensando que si tan solo nos pudiéramos acercar lo suficiente seríamos libres. Pero pasa generalmente que cuanto más nos acercamos, más fallas vemos. Entonces nos damos cuenta que ellos también son humanos y deben depender de Dios. Ellos se caen de los pedestales sobre los cuales no tendrían que haber sido puestos. Su derrumbe a menudo nos deja sentimientos de desilusión.

Dios permitió esto por una razón. Él quiere que miremos al mensaje, no al mensajero. Él quiere que recibamos toda la gloria por aquello que hace en nuestras vidas. Recibimos el privilegio de trabajar para Él en esta proceso. Él adiestra nuestras manos para la batalla y nuestros dedos para la guerra (Salmo 144:1).

Cuando definimos en nuestros corazones ir tras Dios y todo lo que Él ha provisto, todo el infierno tiembla. Es entonces que el enemigo suelta sus ataques de desánimo. Continuamente trata de volvernos hacia

El pasado no es tu futuro

atrás, señalando nuestros fracasos y temores pasados. Desanimados, a menudo confundimos la resistencia del enemigo como la negación de Dios para ayudarnos. Dios no nos está negando; Él está esperando en nosotros. Decide hoy que ya no seguirás tolerando la cautividad. No vivas en menos de lo que la muerte de Jesús proveyó. Irás a reinar con Él. Elige Su vida.

Siento cerrar este capítulo con esta palabra de ánimo de mi diario personal. Estas palabras fueron específicas para mí, pero yo también agrego referencias bíblicas para que puedas ver cómo se pueden aplicar a tu vida. Dios nunca contradice Su Palabra. Esto es algo que Dios me dio en oración. Deja que te ministre esperanza.

Extracto del diario

Yo sé que te sientes vacía y seca, hija mía, y este vaciamiento procede de mí. Estoy quitando lo último de lo viejo, pero no andes en el fuerza de tu alma. Quédate en el espíritu. ¡Desborda, oh pozo de agua! Convoca a que salgan las aguas. Pídeme por lluvia. Pídeme por aguas refrescantes. Tú estás al albor y necesitas de Mi fortaleza para cruzar. Adora y alaba ante Mí. Deja que tu mente esté en quietud. Esto será tu fortaleza y refresco.

No planees nada ni premedites las cosas, pero conoce que Yo causaré que quienes se hayan levantado en contra de ti sean avergonzados y confundidos delante de ti. No tengas temor ni dejes que el terror penetre como antes, sino que te ciñas con amor y alabanza. Guarda lo que oyes y dices ya que el enemigo anhela sembrar cizañas de contiendas. Sé de pocas palabras porque tendrás muy poco para decir hasta que llene tu boca, pero pronto romperás y desbordarás.

Antes de que continúes leyendo, ora audazmente conmigo:

Este día tomo la decisión de temer y honrarte, Dios, por encima de mis fracasos pasados y por sobre todo aquello que busque desanimarme o distraerme.

Las Escrituras relacionadas al extracto del diario: Núm. 21:17; Sal.35:4; 138:2; 141:3; Isa. 52:9; Jer.1:17–19; Mat. 13:36–43; Juan 4:13–14; 1 Juan 4:18.

4

Es tiempo de inquietarnos

AHORA QUE HEMOS ESTABLECIDO cómo la hija de Sión es librada, la pregunta surge, ¿cuándo se soltará de sus cadenas?

> Pero sucederá que cuando adquieras dominio, romperás su yugo de sobre tu cuello.
> —GÉNESIS 27:40

> Pero cuando te inquietes, te arrancarás el yugo de sobre tu cuello.
> —GÉNESIS 27:40, VERSIÓN LIBRE

Observa que no dice: "Cuando Dios piense que ya no lo puedas soportar más, Él sacará el yugo de sobre tu cuello." Ni dice, "Cuando Dios decida que hayas sufrido lo suficiente, entonces Él quitará en yugo." De hecho, Dios ni siquiera es mencionado en este versículo, pero encontramos las palabras *te* y *tu* mencionadas tres veces.

Parafraseado, este pasaje podría leer: "Cuando ya

¡FUERA DE CONTROL Y DISFRUTÁNDOLO!

hayas tenido suficiente, te arrancarás el yugo. Cuando hayas dejado de echar la culpa a todos los demás; cuando hayas dejado de tener pena por ti misma; cuando hayas dejado de buscar la persona u organización que te ayude; cuando ya no mires más para atrás; cuando hayas dejado de culpar a Dios; cuando te hayas frustrado finalmente de las limitaciones de tu yugo; cuando te hayas cansado lo suficiente como para enojarte; entonces arrancarás el yugo y quedarás libre."

Este versículo de las escrituras viene de la historia de Jacob y Esaú, los hijos gemelos de Isaac. Esaú era el mayor y tenía el derecho de recibir una bendición especial de su padre. Sin embargo, Jacob usurpó la bendición de su hermano. Sin saberlo, Isaac dio a Jacob todo lo que era bueno y lo puso como amo por sobre Esaú.

Cuando Esaú supo de esto, lloró y rogó con Isaac para recibir alguna palabra de bendición. La única bendición que Isaac pudo dar a Esaú fue: "Pero cuando te inquietes, arrancarás el yugo de sobre tu cuello" (Gén 27:40).

Es importante notar que Dios no le quitó la bendición a Esaú sin razón. Esaú había vendido esta bendición a Jacob años antes cuando él había regresado con hambre de un viaje de caza. Él pidió a Jacob un poco de guisado. Viendo que Esaú estaba vulnerable, Jacob le pidió a cambio la primogenitura. Esaú dijo: "He aquí que yo me voy a morir; ¿de qué, pues, me servirá la primogenitura?" Él juró entonces, vendiendo su primogenitura a Jacob. O sea que Esaú despreció su primogenitura (Gen. 25:29–34).

Otra traducción dice que Esaú trató a su primogenitura como algo de poca importancia. Él no respetó ni honró la relación de pacto que había heredado de

Es tiempo de inquietarnos

Abraham. Él consideró a su primogenitura livianamente y jugó con ella. Él vendió su herencia espiritual por una comodidad temporaria y natural. Esaú representa el favor, talento, fuerza, y habilidad natural. Era el primogénito. Aun tenía una cobertura natural de vello. Esaú representa todo lo que un hombre puede lograr en su habilidad natural. Él tenía el brazo de carne (2 Crón 32:8). Él apeló al gusto primitivo de su padre. Isaac prefería a Esaú, porque comía de su caza; pero Rebeca prefería a Jacob.

> Isaac, que tenía un gusto por la caza, prefería a Esaú, pero Rebeca prefería a Jacob.
> —GÉN. 25:28, VERSIÓN LIBRE

Jacob, por otra parte, no tenía la habilidad física que lo atraería a Isaac, pero era amado por Rebeca. Él era un hombre callado que se quedaba en las tiendas. Él estaba más cerca a su madre, posiblemente porque sabía que su padre prefería a Esaú. Estoy segura de que ella favorecía esta situación, y le contó lo que Dios le había mostrado que cuando estaba embarazada: que el mayor serviría al menor (Gén. 25:23). Jacob representa al más débil y menos notable. Dios no promociona ni recompensa de manera humana. Aunque Jacob era menor en fuerza y habilidad, escondido dentro de él estaba la fortaleza de ser un príncipe de Dios. Jacob sobrepuso su debilidad y fue dado un nuevo nombre, *Israel*, que significa "príncipe de Dios" (Gén. 32:28).

Algunos de nosotros hemos sido conquistados por las circunstancias y por aquellos a nuestro alrededor. Esto sucede cuando no tomamos en serio nuestro pacto y la autoridad que conlleva. Cuando somos descuidados con el pacto corremos el riesgo de perder su protección y beneficios.

Esto es verdad en cualquier relación de pacto—matrimonio, familia o liderazgo. Cuando no usamos nuestra autoridad, otro la quitará y la usará en contra de nosotros. Toda autoridad viene de Dios y es delegada (Lucas 9:1). Por lo tanto, para tener autoridad hay que estar bajo autoridad.

Esaú salió de debajo de la autoridad, protección y bendición de su padre; la bendición de Jacob llegó a ser una maldición a Esaú. Él estaba ahora sujeto a su hermano.

La autoridad de Dios está presente en nuestras vidas sea que la usemos o no. Dios nos ha dado la autoridad en el nombre de Jesús. Es a la vez un privilegio y un honor compartir Su nombre y el dominio que representa. Pero si no tomamos nuestro lugar o si vendemos lo eterno a costa de lo temporal, dejamos la puerta abierta para que otro usurpe la autoridad. Nuestra autoridad dada por Dios luego es usada en contra de nosotros, no a favor nuestro.

La Biblia nos dice que Jesús tomó toda la autoridad de Satanás. Él le arrancó sus llaves y armadura (Lucas 11:22; Apoc. 1:18). Por lo tanto, la única autoridad que tiene Satanás es cuando nos engaña a ceder. Las únicas armas que él usa son las que hemos dejado de lado.

Él viene a nosotros diciendo, "Tú no puedes usar esa arma. No tienes la suficiente pureza o santidad, " y nos recuerda nuestros fracasos pasados. Él nos intimida a medir nuestro valor según nuestra vida pasada. Si comenzamos a medirnos de esta manera, descubriremos que somos débiles y faltos en justicia. Por lo tanto, escuchamos y creemos las mentiras de Satanás. Así es como entregamos nuestras armas.

Pero nuestro pacto no está basado en nuestra habilidad o justicia. Está basado en el triunfo de Jesús, y Su justicia. Nuestro pacto con Dios es un pacto de gracia construido sobre las mejores promesas (Heb. 8:6). Es importante que lo honremos y lo estimemos como tal. Siempre debes atreverte a creer. Debemos temer y honrar a Dios como para nunca vendernos a un alivio o comodidad temporal.

Pues bien, enójate

Después que John y yo estuvimos casados por un año, él dejó un trabajo estable con un buen sueldo en una puesto de ingeniería para tomar un puesto de trabajo en nuestra iglesia local. Sus ingresos eran casi la mitad de lo que habían sido anteriormente. En este momento, yo me despedí de la idea de tener casa propia.

Como matrimonio habíamos acordado dejar de lado nuestra seguridad económica para proseguir con toda seriedad al llamado de Dios sobre nuestras vidas. En el mismo momento en que propusimos en nuestro corazón realizarlo, nuestras finanzas cayeron bajo ataques de toda dirección. Una mañana salí a mi automóvil y descubrí que la ventana estaba hecha pedazos en el asiento. No había razón alguna para esta rotura, así que tuvimos que echar la culpa al gran calor de Texas. El automóvil no estaba en condiciones de andar, y no teníamos el dinero para repararlo.

Tomé un trabajo para colaborar, pero los ataques parecían absorberlo todo. Ya no soñaba más con una casa. Yo estaba preocupada de saber si tendríamos suficiente combustible y comida antes de cobrar el siguiente sueldo.

John y yo diezmábamos fielmente y dábamos ofrendas, pero aún parecía que éramos robados de cada lado. Una noche asistimos a una reunión donde la gente estaba testificando de la fidelidad de Dios al bendecir sus finanzas. Yo pensé a mí misma, *No me interesa la bendición. A esta altura solo quiero provisión.* Después de la reunión los dos estábamos tan desanimados que nos sentamos en al automóvil y lloramos. Nos prometimos no comentar indirectamente sobre nuestra necesidad económica a nadie. Si Dios no nos cuidaba, nos arreglaríamos así.

Al otro día, estando en casa durante el almuerzo, leí todas las escrituras que pude encontrar sobre las finanzas y la provisión. Frustrada, di un fuerte pisotón en el suelo y dije en voz alta, "Dios, Tú dijiste que suplirías mis necesidades. Bueno, ¡no lo estás haciendo!"

Él me contestó, "Yo no estoy parado entre tú y tus finanzas."

Yo estaba confundida. Yo sabía que estábamos haciendo todo lo posible de nuestra parte para guardar el pacto que habíamos hecho con Dios. Habíamos confesado, creído, dado ofrendas y diezmado. La única cosa que no habíamos hecho era recibir. Dios me había dicho que Él no estaba reteniendo nuestras finanzas. Entonces, ¿quién lo estaba haciendo?

Entonces me enojé. Allí mismo en mi cocina grité, "Está escrito que Dios suplirá todas mis necesidades de acuerdo a Sus riquezas en gloria. Estas son las necesidades. Diablo, te ordeno que saques tus manos de nuestras finanzas. No nos volveremos atrás del llamado de Dios en nuestras vidas. Que la Palabra de Dios sea verdad no importa lo que parezcan las cosas."

Sentí que algo real sucedió dentro de mí. Estaba entusiasmada y esperanzada, aunque no había hecho otra cosa sino pararme en mi cocina y gritar. Llamé a John a la oficina, y le dije, "Querido, algo ha sucedido.

Es tiempo de inquietarnos

Dios no es el problema. ¡El diablo lo es!" John también se entusiasmó. Dios le había mostrado lo mismo durante su almuerzo. Los dos nos regocijamos. Éramos ricos en fe. Esa noche después de la reunión, un matrimonio que había visitado la iglesia nos apartó. Ellos compartieron que Dios les había dicho que nos dieran algo de dinero. Luego nos entregaron un sobre y se fueron. Cuando llegamos a casa descubrimos para nuestra gran sorpresa que tenía lo que necesitábamos para reparar mi automóvil y lo suficiente para comprar comida y combustible.

¡Algunas de ustedes necesitan gritar en la cocina! Han soportado tanto acoso y cautiverio por tanto tiempo que ha llegado a ser un estilo de vida. No dejes que la timidez y los fracasos pasados te mantengan en la derrota. ¡Dios no está reteniendo! ¡Él está alentando a que prosigas!

Cuando mis hijos varones comenzaron a caminar, disfrutaban de aventurarse la corta distancia entre el sofá a la mesa. Ellos caminaban aun más lejos si todos aclamábamos y aplaudíamos. Ellos se paraban y clamaban para recibir la atención de todos, y luego tomaban unos pasos más y se aplaudían a sí mismos.

Pero llegó el día en que se dieron cuenta que el caminar no era simplemente motivo de un espectáculo, sino que era algo para siempre. Repentinamente dejaron de pensar que era divertido. Tenían que esforzarse en continuar caminando. Ellos se echaban sobre sus traseros empañalados y lloraban hasta que alguien los recogía para que pudieran ser trasladados.

Yo me alejaba a menudo de su alcance y los animaba, diciendo, "Vamos, ¡lo puedes hacer!" Ellos sabían que lo podían hacer, pero era más fácil no hacerlo. Ellos querían ser trasladados.

¡FUERA DE CONTROL Y DISFRUTÁNDOLO!

Ahora no puedo pararlos. Caminar ya no es un problema. ¡Corren por todos lados! ¡Hasta hacen cosas con sus patines rollerblades que me asustan! Ellos descubrieron el gozo de la movilidad independiente. Cuando se cansaban de estar sentados y esperando a ser alzados, ellos se paraban, caminaban y luego corrían. No te sientes en el suelo esperando que alguien te recoja. Si eres inquieto, Dios te está llamando no solo a caminar sino a correr—libre y sin restricciones. No tienes que esperar al siguiente seminario para liberarte. No tienes que entenderlo todo. ¡Enójate y libérate! Permite que la fe de Dios te abra los ojos para ver lo que la duda y el desánimo han escondido de tu vista.

EXTRACTO DEL DIARIO

Mi hija, no debes esconderte y retroceder. Con todo lo que hay dentro de ti, debes seguir hacia adelante. No desesperes ni te aferres según tus fracasos pasados, porque hay una nueva gracia en ti para levantarte y derrotar los impedimentos en tu vida. Muévete velozmente y con seguridad ya que el tiempo de preparación está a mano. Debes aprender ahora porque no será tan fácil después. Guarda el gozo como tu fortaleza y sujeta tu carne hasta que sea tu siervo. Una nueva libertad y fortaleza vendrá sobre ti mientras esto se hace realidad. No te desanimes, sino anímate en Mí.

Las Escrituras relacionadas al extracto del diario son: 1 Sam.30:6; Neh. 8:10; Salm.42:5; 73:28; Rom. 5:16–17; 6:19; Fil. 3:13; Stgo. 4:8

5

Jesús, ¿vendrá por una esposa o una novia?

Cuando un hombre se casa con su novia, ella se convierte en su esposa, ¿verdad? Sí, esto es verdad. Pero, ¿será posible ser una esposa y no una novia? Muchas de nosotras conocemos la definición de esposa, pero, ¿qué de la definición de una novia, una prometida? Fuimos novias por tan poco tiempo que nos hemos olvidado de que se trata.

Compañerismo

Cuando John y yo nos comprometimos, yo era su novia, su prometida. Estábamos enamorados totalmente el uno con el otro sin ninguna otra razón fuera de que nos sentíamos hechos el uno para el otro. Estábamos seguros de que Dios nos había unido. Contábamos los días y las horas que nos separaban y ansiosamente anticipábamos nuestro tiempo juntos. Cuando estábamos juntos ninguna otra cosa parecía importar. Todas las otras presiones y distracciones parecían desaparecer.

¡Fuera de control y disfrutándolo!

John no me pidió que me casara con él porque yo era una buena cocinera, una gran madre, una buena ama de casa, una persona económicamente responsable o una ayuda idónea maravillosa. Yo no había sido probada en ninguna de estas cosas. Él sabía que tenía mi corazón y que eso era suficiente para él.

Él me propuso matrimonio porque me amaba y se sentía incompleto sin mí. No parecía importarle si yo podría tener hijos o no, administrar un hogar, balancear la chequera o estar parada al lado suyo en el ministerio. Él se casó conmigo por una razón—compañerismo.

Dios sacó a Eva del costado de Adán por esta misma razón. Adán estaba solitario, anhelando a alguien como a sí mismo. Dios hizo caer a Adán en un profundo sueño y le quitó una costilla de su costado, con lo cual Dios creó a Eva. Luego Dios se la presentó a Adán (Gén. 2:21–23). Eva había estado escondida en Adán. Ellos se volvieron a juntar otra vez como una sola carne pero en una manera nueva y diferente—separados y sin embargo, una sola carne.

De la misma manera, el Padre nos ha preparado como la novia de Cristo. La muerte de Cristo, el segundo Adán, trajo de sí Su novia, la iglesia. El costado de Cristo fue desgarrado y la sangre y el agua fluyeron cuando Él entró en el sueño de la muerte. Ahora nosotros, como la novia, ansiosamente anhelamos la cena matrimonial del Cordero donde le veremos cara a cara y estaremos unidos con Él para siempre.

La gracia de Dios es verdaderamente asombrosa, porque Su misericordia triunfa sobre nuestro juicio. Aunque merecíamos la muerte, Él nos redimió para llegar a ser la única novia y compañera del Hijo para siempre. Esto nos pone en la posición de ser Sus hijos.

Él no nos redimió para esclavizarnos. Nos hizo

libres para que gozáramos de la libertad (Gál. 5:3). Él no quiere que trabajemos *para* Él. Nosotros no podemos hacer nada de valor eterno aparte de Él, por lo tanto sería una necedad creer que podemos hacer algo *para* Él. Solo producimos aquello que es aceptable y vivificante cuando trabajamos *con* Él, por medio de Su fortaleza, Su vida y Su Espíritu.

OFRENDA ACEPTABLE

EL SACRIFICIO DE ABEL era aceptable porque él continuó el mismo patrón establecido por Dios en el jardín. Un animal inocente debía ser sacrificado y ofrecido para cubrir la desnudez y las transgresiones del hombre.

Abel era un cuidador de ovejas. Dios suplía la vegetación, grano y agua que nutría los rebaños de Abel. Abel solo las cuidaba. En el tiempo señalado, Abel separó el primogénito de entre su rebaño para ofrecérselo a Dios.

Su hermano Caín trabajaba como un labrador de la tierra. Él plantaba, cultivada, atendía y recogía sus cosechas, pero cuando Dios rechazó las ofrendas de sus cosechas, él estaba enojado y celoso de su hermano.

> Entonces Jehovah dijo a Caín: ¿Por qué te has enfurecido? ¿Por qué ha decaído tu semblante? Si haces lo bueno, ¿no serás enaltecido? Pero si no haces lo bueno, el pecado está a la puerta y te seducirá; pero tú debes enseñorearte de él.
>
> —GÉNESIS 4:6–7

Dios no rechazó a Caín—Él rechazó su ofrenda. Caín no pudo reconocer la diferencia. Él se sintió rechazado e aislado. Dios notó esto y lo animó a hacer lo correcto y sobreponer el pecado que estaba a

¡Fuera de control y disfrutándolo!

su puerta. Caín tuvo la misma oportunidad que Abel de presentar un sacrificio aceptable, pero Caín no escuchó el consejo de Dios. Seguramente Adán habría instruido a sus hijos de que el sacrificio animal era el método aceptable de preparar una ofrenda para Dios. Si no, ¿de qué otra manera habría sabido Abel qué hacer? Quizás el sacrificio animal pareció ser demasiado simple para Caín. Quizás él quería presentar algo que él había producido para Dios. Cualesquiera fuera la razón, parecería que Caín estaba tan ocupado trabajando para Dios que trabajar con Él.

Es mucho más fácil atacar a los de alrededor que reconocer que hemos hecho cosas a nuestra manera y por nuestra propia fuerza. Así fue Caín se levantó y mató al hermano que creía que Dios favorecía.

> Caín habló con su hermano Abel. Y sucedió que estando juntos en el campo, Caín se levantó contra su hermano Abel y lo mató.
>
> —Génesis 4:8

¿Su labor o la nuestra?

Cuando trabajamos *para* Dios en lugar de *con* Dios, perdemos vista del carácter de Dios, su naturaleza y perspectiva. Nuestros motivos se distorsionan y se mezclan. Nos ponemos orgullosos de nuestras realizaciones (mira cuán duramente trabajo), legalistas (por los parámetros y restricciones del hombre) y caemos en juzgar (criticando aquello fuera de nuestra comprensión). Pronto estamos presentando las obras de nuestras manos y la labor de nuestra carne a Dios para recibir Su bendición. Pero Dios no bendecirá aquello.

Frustrados, comenzamos a luchar con nuestros hermanos. La envidia revuelve nuestros corazones contra aquellos que están trabajando aceptablemente. Somos tentados de creer que merecemos más porque estamos trabajando más duramente. ¿Por qué ellos son bendecidos? El enemigo quiere engañarnos a creer que ellos han quitado o desplazado el favor que creemos es nuestro.

El favor y la aceptación de Dios están a la disposición de todos, pero son entregados en Sus términos, no los nuestros. Dios imparte una justicia nacida del Espíritu, y contraria a nuestra razón natural (Gál. 5:5). Esta justicia no puede ser ganada por obras; por lo tanto no puede ser guardada por las mismas. Es un regalo. La recibimos basada en la obra de Jesús y el amor de Dios.

La religión restringe. La religión es auto-justiciera. Trabaja para producir, mientras que el Espíritu produce sin trabajar. Desgraciadamente, muchas personas en las iglesias están ocupadas siendo "esposas religiosas" mientras Dios está esperando y anhelando una novia amorosa.

Yo creo que Dios está cortejando a la novia, su prometida, entre aquellos en Su iglesia—quienes le amen porque no puede vivir sin Él.

Novia versus esposa

Para explicar el concepto de ser una novia, miraremos la historia de Ana. Ana fue una de las dos esposas de Elcana. Ella es la primera en ser mencionada, lo que cual indica que se casó con ella primero. Es posible que, debido a la esterilidad de Ana, Elcana haya elegido casarse con una segunda esposa, Penina. La segunda esposa de Elcana produjo muchos hijos, pero la esterilidad de Ana continuó por años. Ana era

¡Fuera de control y disfrutándolo!

amada y atendida por su esposo; sin embargo, había una necesidad en ella que deseaba más. Esto resultaba evidente cuando la familia iba a adorar al Señor.

> Y cuando llegaba el día en que Elcana ofrecía sacrificio, daba a Penina su mujer, a todos sus hijos y a todas sus hijas, a cada uno su parte. Pero a Ana daba una parte escogida; porque amaba a Ana, aunque Jehová no le había concedido tener hijos.
>
> —1 Samuel 1:4-7

Aunque Ana era honrada por su esposo con una doble porción, una porción especial, no lo podía disfrutar porque estaba tan atormentada por su rival. ¿Cómo podía Dios permitir esto? Notemos que dice que fue Dios, no el diablo, quien cerró la matriz de Ana. ¿Por qué? Yo creo que Dios la cerró para crear un hambre divino, una necesidad mayor que la que un hijo puede satisfacer, una que solo Él puede suplir.

Ana amaba a su esposo, pero a través de la adversidad que vivió, había aprendido a saber que él no era la fuente de vida. Ella observaba mientras Penina tenía hijos con su esposo. El nombre de Elcana estaba establecido. Sin embargo, ella tenía necesidad de más. No importaba cuán maravilloso era su esposo, no era suficiente para llenar el vacío en su corazón.

El quebranto y la humildad fueron trabajando en la naturaleza de Ana. Todo su anhelo, desilusión y tormento creó un vientre que podría traer a luz una semilla profética.

Yo creo que Ana era una novia, una prometida. Ya que Dios era su fuente de vida, ella era una dadora, no una tomadora o quitadora. Es por esto que su esposo amaba a Ana más que a Penina, aun cuando

Jesús, ¿vendrá por una esposa o una novia?

ella aparecía producir menos.

Ana oró año tras año pidiendo un hijo. Al principio, quizás sus motivos eran, "Que Dios me de un hijo en el nombre de mi esposo." Luego quizás su oración fue cambiada a, "Dios, dame un hijo a causa de mi rival." Pero cuando llegó a orar, "Dios, dame un hijo, que yo te lo devolveré," Dios le dio el deseo de su corazón.

> Ana hizo un voto, diciendo: Jehová de los ejércitos, si te dignares mirar a la aflicción de tu sierva, y te acordares de mí, y no te olvidares de tu sierva, sino que dieres a tu sierva un hijo varón, yo lo dedicaré a Jehová todos los días de su vida, y no pasará navaja sobre su cabeza.
>
> —1 Samuel 1:11

Ana había invocado la vida de Dios sobre su vientre estéril y vacío. No solo la vida natural de un hijo, sino uno apartado e inspirado por Dios. En su desesperación ella consagró y concibió el niño Samuel. Él fue la voz profética de Dios para un Israel perdido y extraviado.

Ambas mujeres estaban casadas con el mismo marido pero con relaciones muy diferentes. Penina era la esposa religiosa mientras que Ana era la novia enamorada. A continuación hay algunos contrastes entre estas dos mujeres:

Ana	**Penina**
Estéril	Fructífera
Amada	Usada
Quebrantada	Orgullosa
Temerosa de Dios	Religiosa
Auto-negante	Auto-complaciente
Novia	Esposa

¡Fuera de control y disfrutándolo!

Ana era estéril y amada mientras que Penina era fructífera y útil. Ana fue quebrantada y buscó a Dios, no solo en las actividades religiosas. Penina estaba orgullosa de sus vástagos y estaba cómoda con los religiosos. Ella despreciaba a Ana porque era amada por Elcana aunque no producía hijos. Ana se negó la alegría de criar a su hijo para poder entregarlo al Señor. Penina aparentemente estaba más preocupada en sí misma y consideraba poco los sentimientos de los demás. Ana era el amor de su esposo mientras que Penina era su esposa.

Después de Samuel, Ana tuvo cinco hijos más mientras que Penina no tuvo más (1 Sam. 2:21). Penina ya había cumplido su propósito.

Parecería que la naturaleza y motivos de Ana eran muy diferentes a los de Penina. Podemos tener un vistazo de la naturaleza de Penina en la oración profética de Ana respecto al advenimiento de la dedicación de Samuel:

> No multipliquéis palabras de grandeza y altanería; cesen las palabras arrogantes de vuestra boca; porque el Dios de todo saber es Jehová, y a él toca el pesar las acciones. Los saciados se alquilaron por pan, y los hambrientos dejaron de tener hambre; hasta la estéril ha dado a luz siete, y la que tenía muchos hijos languidece.
>
> —1 Samuel 2:3, 5

Penina se había consolado con los hijos que había producido. Ella había estado saciada mientras que Ana desfallecía de hambre. Ahora Penina veía que sus hijos eran desplazados por los hijos de Ana, la esposa favorecida.

Yo creo que estas dos esposas proféticamente repre-

Jesús, ¿vendrá por una esposa o una novia?

sentan la condición de la iglesia. Estaban las novias estériles clamando por más, y estaban las esposas satisfechas que permanecían en silencio. Las novias aman y son amadas por Dios. Ellas están en intimidad con Él. Ellas han sido quebradas y humilladas por sus adversarios. La persecución labró el carácter santo de la mansedumbre en su naturaleza. Ellas no tocarían la gloria, sino que la devolvería a Dios. Ellas no había olvidado por qué amaban son novias.

¿CÓMO ESTÁ TU APETITO?

LO QUE HE VISTO hacer a Dios en el pasado y lo que veo que Él hace ahora mismo es maravilloso. Pero estoy hambrienta de algo que aún tengo que ver, gustar y tocar. Me regocijo por lo que el cuerpo de Cristo ha experimentado, pero anhelo más.

Este deseo comenzó a crecer en mi corazón hasta que me sentí embarazada de anhelo. Luego Dios me desafió: "Si quieres más de lo que has visto, necesitarás ser más de lo que has sido. Necesitarás dar más de lo que has recibido." En cada nuevo nivel de nuestro andar con Dios hay un aumento de compromiso y separación.

Una mañana, mientras oraba por mi familia, le pedí a Dios que aumentara el hambre de mis hijos por él. En lo profundo de mi espíritu escuché Su respuesta: "Si tus hijos no tienen hambre, es porque ya están llenos."

Así como viene el hambre natural cuando estamos vacíos, y nos deja cuando estamos llenos, así es con el hambre del Espíritu. Por lo tanto, solo tendré hambre cuando no estoy llena. Para desarrollar este apetito espiritual necesito ayunar para sacar todo lo que no es Dios que trata de llenarme. Para explicar, miremos otra vez a Ana.

¡Fuera de control y disfrutándolo!

Ana ayunó una doble porción de comida y favor, y se postró delante de Dios. Ella negó ser consolada por el simple favor humano. Ella quería el favor de Dios. En esos días la esterilidad era un reproche. Cuando su esposo le dio una doble porción de carne en la fiesta religiosa, comunicó a quienes estaban presente, "Yo amo a esta mujer. Aunque ella no ha procreado un hijo, ella tiene mi favor." Pero Ana había llegado al punto en donde esta doble porción del favor y amor de su marido no eran suficientes. Así fue que clamó al Señor, sabiendo que sólo Su provisión podría satisfacerla.

En el medio de actividades religiosas y distracciones mundanas, es importante que nos neguemos a sus satisfacciones pasajeras y clamemos por más. Como Ana, necesitamos clamar al Altísimo hasta que Él supla nuestros anhelos más profundos. Debemos negar a nuestras almas la satisfacción de lo temporario y clamar por lo eterno.

> El hombre saciado desprecia el panal de miel; pero al hambriento todo lo amargo es dulce.
> —Proverbios 27:7

Este ejemplo no está limitado a la comida. Para quienes tienen hambre de Dios, aun Su corrección es refrescante. Por esto una mujer estéril puede cantar:

> Regocíjate, oh estéril, la que no daba a luz; levanta canción y da voces de júbilo, la que nunca estuvo de parto; porque más son los hijos de la desamparada que los de la casada, ha dicho Jehová.
> —Isaías 54:1

Dios nos está llamando a nuestro primer amor. Allí

Jesús, ¿vendrá por una esposa o una novia?

encontraremos la fortaleza y el sustento de permanecer como novias.

John y yo tenemos cuatro hijos. Todos fueron nacidos de la intimidad. No fuimos íntimos para tener hijos. Tuvimos hijos porque habíamos estado en intimidad. De la misma manera Dios quiere que nuestra extensión espiritual sea el producto de la intimidad con Él. No debemos seguir tras Jesús para obtener salvación, finanzas, ministerio, unción, sanidad ni alguna otra cosa. Todas estas cosas se encuentran cuando nos soltamos en Él.

Como cinco años atrás, cuando me preparaba a ministrar en una reunión de mujeres, oré mi misma oración, vieja y piadosa: "Señor, úsame para ministrar a estas mujeres..." Dios me interrumpió con una pregunta.

—Lisa, ¿alguna vez has sido usada por un amigo?
—Sí—le contesté.
—¿Y te gustó?
—No, para nada. Me sentí traicionada.
—¿Alguna vez fuiste usada por un novio?
—Sí—contesté.
—Y, ¿te gustó?
—Claro que no. Me sentí sucia y humillada.

Entonces Dios me dijo: "Yo no uso a la gente. Satanás lo hace. Yo a las personas las sano, las unjo, las transformo y las conformo a Mi imagen, pero yo no uso a las personas."

Yo estaba horrorizada. Siempre me habían enseñado a orar de esta manera, pero repentinamente pude ver cuán absurdo es pensar de Dios como un usador y un tomador.

Dios me dijo que le entristecía cuando los ministros solo le permitían un acceso limitado en algunas áreas de su ministerio mientras le negaban Su acceso en otras áreas. El área negada con mayor frecuencia es Su influencia en nuestros estilos de vida personales. Las áreas que retenemos de Dios eventualmente se convierten en nuestra caída. No sé cuántas veces he oído el comentario, "Yo no entiendo como alguien tan ungido para predicar puede llegar a ser un alcohólico o abusar a su familia o cometer adulterio. Dios había usado a esta persona tan poderosamente. ¿Qué habrá pasado?" Siempre es el deseo de Dios de fluir en cada área de nuestro ser, no solo en el área de ministerio. Nosotros somos quienes limitamos a Dios. Es mi oración que Su unción se derrame en cada área de mi vida, y que ninguna área permanezca sin ser tocada por Su presencia.

Conocidos por Dios

...Sabemos que todos tenemos conocimiento. El conocimiento envanece, pero el amor edifica. Y si alguno se imagina que sabe algo, aún no sabe nada como debe saberlo. Pero si alguno ama a Dios, es conocido por él.

—1 Corintios 8:1–3

No es la cantidad de conocimiento que tenemos lo que produce la vida. La vida se encuentra en el conocimiento que vivimos. ¿Qué es mejor? ¿Tener conocimiento de Dios o ser conocido por Dios? Tú puedes conocer algo acerca de alguien pero no tener una relación con esa persona. Es de suma importancia que seamos conocidos por Dios.

Jesús habló en los evangelios de una persona que quiso entrar en el reino de los cielos y le fue negado. Se le explicó: "Apártate, yo no te conozco." Ellos conocían al Señor, pero Él no los conocía a ellos. Cuán trágico es conocer alguien sin tomarse el tiempo de dejarse conocer por la persona.

El salmista exclamó: "Examíname, oh Dios, y conoce mi corazón" (Sal. 139:23). Él quería que Dios penetrara en los lugares más recónditos de su alma hasta ser conocido por Dios. Es en este proceso que somos transformados por la luz de Su Palabra. Es por medio de este proceso que desarrollamos un corazón que puede amar a Dios. Somos transformadas de esposas a novias. Que tú puedas anhelar conocer en la medida que eres conocida, para que puedas amar como eres amada.

EXTRACTO DEL DIARIO

Te amo. Quiero que te regocijes en esto. Recibe este amor y corrección de Mi mano y a Mi lado.

No huyas de Mí, sino corre a Mí, porque estás insertada y no debes forzar ni estirar nuestra relación sino camina simplemente al lado mío.

Corre cuando yo corro; descansa cuando yo descanso; trepa cuando yo trepo; salta cuando yo salto. Hacia arriba, hacia adelante y por encima hacia el destino que es ser como Yo.

Este destino será forjado y fortalecido a Mi lado. No trates de hacerlo en tus propias fuerzas.

Volverás nuevamente a mí con desilusión cuando tus fuerzas fracasen. Porque la obra que hago es ligera y segura, y trae mucho gozo y fruto.

Participa de ambos en tu caminar, porque yo no deseo que estés agotada y vacía de fuerzas, sino refrescada con y por nuestra labor. Mis caminos no son gravosos, sino fáciles y livianos,

¡FUERA DE CONTROL Y DISFRUTÁNDOLO!

perfeccionados por la obediencia y el amor. Siéntate a Mis pies y aprende de Mí.

Las Escrituras relacionadas al extracto del diario: Mat. 11:29–30; Lucas 10:41–42; Rom. 8:29; 11:17–21; Fil. 2:12–13; Hab. 12:5–6

6

Sacúdenos para despertarnos

Cuando Dios nos sacude para despertarnos a menudo nos encontramos rodeados de lo desconocido y lo hostil. Dios nos despierta de lo seguro al empujarnos fuera de nuestra zona de comodidad. Al hablar de zona de comodidad me estoy refiriendo a todo aquello que es familiar, esperado, constante y bajo nuestro control. Somos cómodos cuando sucede lo que esperamos. Disfrutamos de ser comprendidos y sostenidos por quienes nos rodean. Preferimos tener una fuente continua de provisión económica. Pero cuando tenemos toda esta comodidad y apoyo, fácilmente caemos en un falso sentimiento de seguridad.

Dios está más interesado en nuestra condición que en nuestra comodidad. A veces, Él mismo revuelve nuestros nidos para incomodar nuestras cosas cómodas.

> (El Señor es) Como el águila que excita su nidada, revolotea sobre sus pollos, extiende sus alas, los toma, los lleva sobre sus plumas.
> —Deuteronomio 32:11

¡Fuera de control y disfrutándolo!

Así es como las águilas jóvenes reciben su entrenamiento de vuelo. Ellas nacen en un nido cómodo y seguro, acolchado y aislado con las plumas de la madre. Las comidas frescas llegan a diario. Pero el día llega en que su propia supervivencia es amenazada si permanecen en este lugar de comodidad. Entonces la madre águila convierte al nido cómodo y hospitalario en un nido incómodo e inhóspito.

La madre águila agarra el nido con sus talones y sacude sus alas hacia arriba y abajo, soplando de esta manera al acolchado cómodo y agradable del nido. Arranca lo que antes había provisto con tanto cuidado. Luego toma a cada águila bebé y lo lleva fuera del nido hacia el viento. Aquí es donde las águilas jóvenes aprenden a volar. No puedes probar tus alas si estás sentado en el nido.

Cuando el entrenamiento de vuelo de Dios comenzó en serio en mi vida, me sentí como que no tenía nada a qué aferrarme. Parecía que mi vida era un océano de inseguridad. Todo lo que había sido constante estaba en transición, todo estaba revuelto. A veces la situación se ponía tan intensa que yo me acostaba en la cama, esforzando mi cerebro al intentar entender por qué todas estas transiciones estaban ocurriendo.

Estaban escaseando nuestras finanzas. Socialmente nos encontrábamos despreciados. Yo me sentía sola, aislada, mal entendida y perseguida. Yo oraba y clamaba a Dios pidiendo dirección, pero solo podía escuchar el eco de mis preguntas sin contestar. No podía encontrar reposo.

Me sentía tan marginada que caminaba como si hubiera un cartel gigante sobre mi cabeza que todos podían leer, menos yo. Mi necesidad era tan aparente que alejaba a la gente. Nadie a nuestro alrededor parecía comprender qué era lo que estábamos viviendo o para qué.

Yo ya me había agotado de tratar de explicar mi situación para poder recibir consejería o una palabra del Señor. Parecía que nadie podía ayudarme. Había una razón por esto. Nadie debía ayudarme. Dios quería que yo encontrara mis respuestas en él. Él estaba creando un hambre y una inquietud en mí. John también estaba atravesando el fuego. Al principio tratábamos de hablar del tema. Quizás debíamos hacer esto. Quizás nunca debíamos habernos ido de Dallas. ¡Estábamos bajo ataque! Pronto la situación estaba demasiada confusa para tratar.

John reconoció que estábamos atravesando un proceso de refinamiento. Pero yo cuestionaba cada aspecto y detalle, tratando de encontrarle sentido.

NO HAY ATAJOS

UNA MAÑANA JOHN REGRESÓ con gran entusiasmo de su tiempo de oración. Dios le había hablado. *Por lo menos una persona en esta casa todavía puede oír de Dios,* pensé con alegría, por lo que me dispuse a ser toda oídos.

John me dijo que había estado afuera en un lugar descampado orando cuando Dios le indicó que mirara a su alrededor. John notó que había una sección de pasto corto, luego un espacio grande de tierra, seguido por una expansión de pastos altos.

Dios le dijo a John que el pasto corto representaba la unción que él había conocido durante su vida, la tierra representaba el desierto por la cual atravesaría; el pasto alto representaba la unción por la cual John caminaría después de pasar por el desierto.

Yo me entusiasmé, pensando que casi estábamos

¡FUERA DE CONTROL Y DISFRUTÁNDOLO!

saliendo del desierto solitario de transiciones. John le preguntó a Dios dónde estaba él en el proceso, imaginando que estaría ya cerca de la tierra. Pero Dios fue muy claro en su respuesta. "Tú estás al final del pasto corto." Con gran desilusión le pregunté a John, "¿Esto me debiera edificar? ¿Debo alegrarme al oír que las cosas irán empeorando antes de que mejoren?" Yo quería un atajo hacia la tierra.

Pronto me encontré tan ocupada buscando una salida que perdí el propósito del proceso. Estaba enfocando tanto en el desierto que no podía ver que el desierto estaba forjando la respuesta a mis oraciones—que Dios crearía un corazón limpio en mí y que Él separaría lo precioso de lo vil.

Una noche en particular, teniendo gran lástima de mí misma, me metí a la bañera y comencé a llorar. Yo estaba embarazada de seis meses con nuestro segundo hijo. Parecía posible que John perdiera su empleo. Yo me sentía perseguida y mal comprendida. Creíamos que estábamos obedeciendo a Dios. Entonces, ¿por qué todo esto estaba sucediendo?

John justo entró al baño y encontró a su enorme mujer embarazada llorando en la bañera. Ni siquiera tuvo que preguntarme por qué estaba llorando. Cuando me miró, le volqué cada temor, duda, preocupación y preguntas que tenía. "¿Por qué, por qué, por qué?" me preguntaba.

Con gran calma John me preguntó, "Lisa, ¿qué le has pedido a Dios que haga en tu vida? ¿Le has pedido muebles o ropa?"

En ese momento yo deseé en silencio haber pedido bendiciones en lugar de aquello que estaba atravesando.

John siguió preguntando.

Sacúdenos para despertarnos

—¿Qué le pediste?

—Le pedí a Dios que me purificara—le contesté en un susurro.

—Bueno, eso es lo que estás recibiendo—contestó John y salió.

Yo sabía que John tenía razón. No era lo que yo quería oír en ese momento. Yo quería que John dijera algo así, "Pobrecita mi mujer. Aquí estás embarazada y con miedo a que pierda mi empleo. Déjame que te consuele." Yo no quería que me hablara como si fuera una congregación. Yo quería simpatía.

"Dios, ni siquiera mi marido me comprende. ¿Por qué estás permitiendo esta transición durante mi embarazo?" me quejé.

Él contestó, "Porque es el tiempo en que estás más vulnerable".

Era la verdad. Me sentía extremadamente vulnerable. Estaba sacudida, y Dios estaba sacudiéndome. Dios toma los tiempos en que nos sentimos débiles e inseguras para usarlos para nuestro beneficio.

> La voz del cual conmovió entonces la tierra, pero ahora ha prometido, diciendo: Aún una vez, y conmoveré no solamente la tierra, sino también el cielo. Y esta frase: Aún una vez, indica la remoción de las cosas movibles, como cosas hechas, para que queden las inconmovibles.
> —Hebreos 12:26–27

Yo estaba incómoda porque estaba experimentando la conmoción de Dios en cada aspecto de mi vida. Esta conmoción quita lo temporario y solo deja lo que es de Su reino (v. 28). Yo he aprendido desde entonces a apreciar este proceso. Yo quiero compartir cinco cosas que la conmoción logra.

¡Fuera de control y disfrutándolo!

Te despierta.

Cuando mis hijos están en un profundo sueño, a menudo tengo que sacudirlos para levantarlos. Dios hace lo mismo con Sus hijos—despertando por medio de una sacudida. Sacudir no es la mejor manera para ser despertado, pero tiene el mejor efecto. Nos despertamos cuando se llama nuestra atención.

Cosecha lo que está maduro.

Yo vivo en el estado de Florida, EEUU, donde hay muchos naranjales. Cuando es el tiempo de la cosecha cítrica, los agricultoras usan maquinaria con un brazo mecánico que agarra el tronco de un árbol y lo sacude. La fruta madura cae en redes preparadas. Solo lo que está maduro cae fácilmente. Las sacudidas de Dios cosechan lo que está maduro en la vida del creyente, sea lo bueno o lo malo. Vemos el producto de las semillas plantadas anteriormente.

Quita lo que está muerto.

Cuando el viento sopla lo suficientemente fuerte, sacude las hojas muertas de los árboles. Las ramas muertas también son esparcidas por la tormenta. Sólo lo que tiene vida permanece en el árbol y sobrevive la tormenta.

Cuando Dios nos sacude, solo las cosas de Su reino permanecerán. Dios nos sacude para quitarnos nuestras ramas y obras muertas. No hay razón para temer que se quite lo viejo o lo muerto. Esto abre camino para lo nuevo y lo vivo. Dios sabe que las obras muertas nos sobrecargan y llegan a ser un riesgo de incendio.

Sacúdenos para despertarnos

> La obra de cada uno se hará manifiesta; porque el día la declarará, pues por el fuego será revelada; y la obra de cada uno cuál sea, el fuego la probará.
> —1 Corintios 3:13

Fortalece y establece.

Lo que soporta la sacudida y permanece después se encontrará más cercano a su fundamento. Mi esposo y yo una vez tomamos un vuelo internacional que tuvo una parada en la isla de Guam, que acababa de atravesar un gran terremoto. Por toda la isla, los hoteles estaban en ruinas porque los constructores no se habían tomado la molestia de cavar con suficiente profundidad para llegar al fundamento sólido de la roca. Los edificios fueron sacudidos, y se hundieron hasta llegar a algo sólido.

Nuestro fundamente debe ser Jesucristo. Todo aquello que trabajamos que no sea sostenido por Él sufrirá pérdida.

> Porque nadie puede poner otro fundamento que el que está puesto, el cual es Jesucristo... Si permaneciere la obra de alguno que sobreedificó, recibirá recompensa.
> —1 Corintios 3:11, 14

Dios sacude para que las cosas que no puedan ser sacudidas permanezcan. Esta sacudida quita todo lo superficial y lo que nos separa o nos enreda. Esto nos permite la oportunidad de construir nuevamente con una estructura apropiada—Cristo.

¡Fuera de control y disfrutándolo!

Unifica.

Imagina que en un frasco se coloca una taza de arena roja y una taza de arena azul, y que luego lo sacudes. Lograrías arena de color violeta. Sería casi imposible nuevamente separar la arena roja de la arena azul. Cuando Dios sacude a la iglesia, nos une. Cuando nos despertamos, dejamos las discusiones triviales y descubrimos lo que es importante. Cuando atravesamos un tiempo de conmoción personal, nos ligamos más a Dios. Los lazos forjados en el sufrimiento son más difíciles de romper que aquellos hechos en los buenos tiempos. En los buenos tiempos muchas veces perdemos la presencia de Dios porque estamos rodeados de muchos otros que profesan apoyo y lealtad incondicional. Pero cuando estamos sufriendo, solo Él permanece fiel, fortaleciendo los lazos de Su amor.

Dios reconstruye

UNA NOTA DE ADVERTENCIA: Cuando Dios ha sacudido un área de tu vida, no trates de reedificarla. Permite que Él restaure solo aquellas cosas que quiere establecer en tu vida. Recuerda, Él es quien está sacudiendo.

Él está sacudiendo nuestros hogares para ver sobre qué se han arraigado. Esta sacudida expondrá los ídolos ocultos en nuestras vidas. Un ídolo es a quien damos nuestra fuerza o de quien sacamos nuestra fuerza.

Si estás recibiendo tu afirmación, amor, valor propio, fortaleza y aceptación de cualquiera menos Dios, Él lo sacudirá. Él no lo hace para desconcertarte; él lo hace para que recibas tu vida de Él. Él sabe que todo lo demás eventualmente te desilusionará.

Sacúdenos para despertarnos

Después de la conmoción podremos ver nuestra condición en relación a la verdad de Dios. Nos vemos a nosotros mismos en comparación con el parámetro de Dios. Cuando nos sujetamos a la verdad de Dios experimentamos libertad. La libertad permanece si nos hacemos responsables y rendimos cuentas de nuestras vidas. No es la verdad que conoces sino la verdad que vives la que te hará libre. Para ser responsables debemos ser obedientes.

No daríamos tanta libertad al hijo rebelde o desobediente como daríamos libertad a un hijo responsable y obediente. Un hijo desobediente usaría su libertad para rebelarse. Confundiría rebeldía por libertad. La rebelión no aporta a la libertad; trae ataduras. Solo por medio de la obediencia podremos encontrar verdadera libertad. A medida que el Espíritu Santo ministre la verdad en tu corazón, recíbela y camina en ella. Deja que la Palabra de Dios se haga carne en tu vida.

Extracto del diario

He colocado Mi mano sobre ti. La misma mano que trae la unción también presiona. Por lo tanto, no resistas Mi obra en ti. Es una buena obra refinar y fortalecer, cambiar y renovar. Haré una nueva cosa en ti; reavivaré una nueva llama de fuego. Yo estoy preparando una vasija para esta llama Una lámpara para esta luz, una que no estará oscurecida y que no obstruya la luz. Yo te daré descanso, hija Mía; no temas. Apóyate en Mí al viajar juntos y velozmente a este nuevo lugar.

Las Escrituras relacionadas a este extracto del diario: Isa. 41.13; 43:19; Mat. 5:14–26; 11:28; 25: 1–13; 2 Tim. 2:21.

Parte II
El fruto del temor

7

¡No eres lo que ves!

Cuando te miras en el espejo, ¿qué ves? Lo más probable es que, como toda mujer, recopiles una lista inmediata de defectos, fallas y arrugas seguida de un par de virtudes. Quizás tu evaluación natural sea correcta, pero necesitas saber algo: Lo que tú ves no es lo que eres.

Tú eres alguien que nadie ve—ni tu esposo, tus amigos y ni siquiera tus padres. El verdadero yo está invisible al escrutinio del ojo natural y a menudo mal representado por tus acciones exteriores. El verdadero yo no es la imagen que te saluda en el espejo. Nuestra imagen exterior jamás podrá reflejar con exactitud nuestra naturaleza interior. Nuestra vida interior está escondida.

Un día, al estar evaluando mi reflejo con actitud crítica escuché al Espíritu Santo que me preguntaba, "¿Qué ves?"

Yo le contesté inmediatamente, "Una madre agotada y estresada".

Él me recordó suavemente, "Tú no eres lo que ves".

Inmediatamente discutí, mirando más de cerca al espejo. "Yo estoy cansada, estoy estresada, y ¡lo parezco!" Otra vez escuché, "No eres lo que ves". Es verdad. Estaba cansada y estresada, pero no era lo que yo era—era lo que yo sentía. Mi reflejo era verdad, pero no era la verdad. Mis sentimientos y condiciones están sujetos a cambios mientras que la verdad de Dios permanece inmutable y anclada en Su Palabra. Yo soy espíritu, no cuerpo. Tengo un cuerpo, pero no soy un cuerpo. Yo me estaba evaluando por lo que tenía, no por quién era.

Una posición reveladora

ANTERIORMENTE HABÍA DISFRUTADO DE un oficio especial como asistente promocional de una importante línea de cosméticos. Yo también era una maquilladora de artistas de televisión durante los fines de semana. Representando la línea cosmética, viajaba dentro de un territorio de ocho estados. Casi cada lunes por la mañana tomaba un avión para visitar una nueva ciudad. Yo maquillaba mujeres durante la semana y regresaba a Dallas los viernes por la tarde. Todo era maravilloso. Me alojaba en los hoteles más finos, disfrutaba del servicio a la habitación, un baño de burbujas y pasaba casi tres horas todas las noches leyendo la Biblia. Lo más lindo de todo es que mis días se pasaban ayudando a que las mujeres se sintieran mejor consigo mismas.

Yo siempre habría disfrutado de jugar con cosméticos, pero más allá de esto, había desarrollado este talento para ocultar mis propios defectos. Perdí mi ojo derecho por un cáncer a la edad de cinco años, y el tamaño y la forma de mi ojo artificial difería de mi ojo

¡Fuera de control y disfrutándolo!

verdadero. Por lo tanto, usaba del maquillaje durante mis años juveniles para hacer que ambos ojos parecieran ser iguales. Ahora uso este talento que desarrollé para beneficio de otros.

Lo que más me intrigó, sin embargo, nada tenía que hacer respecto al maquillaje—sino que era lo que sucedía mientras yo quitaba el maquillaje de las mujeres en las cuales trabajaba.

Las mujeres venían confiadamente al mostrador para constatar sus turnos. Realizaban varias preguntas, miraban a la última mujer en la cual yo trabajaba y estudiaban los productos y colores disponibles.

Al trabajar en cada nueva cliente, yo colocaba un biombo para darle privacidad, o la llevaba a una habitación privada. Al limpiar su rostro, casi podía ver a cada mujer encogerse y mirar a todos lados con desconfianza—aun si estábamos solas. Las disculpas se hacían por las cejas sin depilar y las imperfecciones de la piel. Muchas se ponían temerosas y ansiosas. Ellas querían hacerme saber que ellas no se veían de esta manera.

Yo reaseguraba a cada mujer que era hermosa al señalar rápidamente sus aspectos positivos. "Tienes hermosos ojos", o "Qué hermosa línea labial." A medida que el maquillaje era colocado, la confianza de la mujer retornaba, capa a capa. Ella nuevamente se sentía segura, haciéndome preguntas como, "¿Cómo lograste esto?" o "¿Dónde dejo de ponerme delineador?" Pronto nos convertíamos en mejores amigas.

Las mujeres frecuentemente se disculpaban por estar nerviosas, compraban una gran cantidad de maquillaje y productos para el cuidado de la piel, y se iban con una renovada confianza.

Me agradaba cuando una cliente se iba feliz, pero

me preocupaba que una mujer se sintiera tan vulnerable y tan poco atractiva sin su maquillaje. Era casi como si yo hubiera descubierto algo de la cual ella estaba avergonzada, algo que debería esconder—su rostro.

¿QUIÉN DEFINE LOS PARÁMETROS?

QUIZÁS TE SIENTAS DE LA MISMA MANERA. ¡Quizás defiendas tu posición al razonar que todas las mujeres se sienten así! Quizás sea verdad, pero—¿debieran? ¡No eres lo que ves! Nos hemos comparado a un parámetro de perfección—un parámetro que siempre está en falta. Es el parámetro que encontramos en las cajas de los mercados cuando miramos a las mujeres en las tapas de las revistas de moda o salud. Es el parámetro fabricado (y realmente quiero decir fabricado) por Hollywood. Es un parámetro definido por quienes trabajan por aquello que es perecedero. Sus vidas enteras están centradas en mantener una imagen o una apariencia.

Con este parámetro, la juventud y la necedad son exaltados mientras que la edad y la sabiduría son despreciados. Eso es lo que se espera del mundo, pero ahora yo no me estoy dirigiendo al mundo. Estoy hablando a la iglesia. Hemos permitido que el mundo fije el ritmo y la dirección de nuestro gusto. El sistema del mundo mide por lo exterior mientras que Dios nos mide de adentro hacia afuera. El mundo ama las apariencias y odia la verdad. Dios ama la verdad y odia las apariencias engañosas.

¡FUERA DE CONTROL Y DISFRUTÁNDOLO!

VIVIENDO BAJO LA INFLUENCIA

LAS MUJERES DE ISRAEL habían caído bajo la influencia de la cultura de sus tiempos. Ellas habían permitido que la cultura a su alrededor les dictara la medida de la mujer. Ellas se adornaban en la manera de los gentiles; cada accesorio estaba diseñado a llamar la atención hacia ellas.

> Asimismo dice Jehová: Por cuanto las hijas de Sión se ensorbebecen, y andan con cuello erguido y con ojos desvergonzados; cuando andan van danzando, y haciendo son con los pies; por tanto, el Señor raerá la cabeza de las hijas de Sión, y Jehová descubrirá sus vergüenzas. Aquel día quitará el Señor el atavío del calzado, las redecillas, las lunetas, los collares, los pendientes y los brazaletes...
>
> —ISAÍAS 3:16–18

Isaías continúa describiendo en detalle toda la bisutería que sería quitada, desde joyas y espejos de bolsillo, túnicas a ropa interior, pañuelos de cabeza a bolsos. ¿Te suena familiar? Luego él concluye:

> Y en lugar de los perfumes aromáticos vendrá hediondez; y cuerda en lugar de cinturón, y cabeza rapada en lugar de la compostura del cabello; y lugar de ropa de gala ceñimiento de cilicio, y quemadura en vez de hermosura.
>
> —ISAÍAS 3:24

La influencia de su cultura eventualmente llevó a los israelitas de esclavitud y cautiverio. Ellos perdieron toda la belleza que con gran sacrificio había creado y

¡No eres lo que ves!

todos los accesorios que habían usado para acentuarla.

REINAS DE CAMELLO

ESTAS MUJERES QUEDARON LEJOS de Rebeca, quien estaba sacando agua de un pozo cuando ganó un concurso de belleza y ganó a su príncipe.

> Y la doncella era de aspecto muy hermoso, virgen, a la que varón no había conocido; la cual descendió a la fuente, y llenó su cántaro, y se volvía.
> —GÉNESIS 24:16

Rebeca no estaba adornada con adornos costosos que le llamaran la atención. ¿Cuán esplendorosa podría una mujer ser al sacar agua en el desierto? Ella estaba adornada de buenas obras. Ella estaba ocupada sirviendo a su familia, y cuando ella se encontró con un extraño extendió la hospitalidad.

> Y cuando acabó de darle de beber, dijo: También para tus camellos sacaré agua, hasta que acaben de beber. Y se dio prisa, y vació su cántaro en la pila, y corrió otra vez al pozo para sacar agua, y sacó para todos sus camellos. Y el hombre estaba maravillado de ella, callando, para saber si Jehová había prosperado su viaje, o no. Y cuando los camellos acabaron de beber, le dio el hombre un pendiente de oro que pesaba medio siclo, y dos brazaletes que pesaban diez.
> —GÉNESIS 24:19–22

Su servicio le ganó sus adornos. Ella no había trabajado para el pendiente ni los brazaletes. Ella no tenía

¡Fuera de control y disfrutándolo!

idea de que los recibiría. Ella trabajó porque era una sierva.

De la misma manera, nuestras buenas obras nos traen un adorno como también la provisión de Dios. Es interesante notar que Rebeca recibió algunas de las mismas cosas que luego fueron arrebatadas de las hijas de Sión. Las joyas no eran el problema. El motivo era el problema. Las hijas de Sión eran demasiadas orgullosas para servir. Gastaron su fuerza y riqueza en adornarse y servirse a ellas mismas en lugar de servir a otros. Cuando golpeó la calamidad, quedaron sin cobertura ni provisión.

Dios no está diciendo que arrojemos nuestro maquillaje y bisutería a la basura. Yo uso maquillaje y bisutería, pero no son la razón de mi trabajo. Lo que importa es cómo gastas tus fuerzas y cómo mides tu valor. ¿Qué es lo que dejas que influencie tu vida?

¿Te adornas interiormente con el mismo celo como adornas lo exterior? Si somos honestas, la mayoría de nosotras admitiría que no lo hacemos. Nos vestimos exteriormente pero somos negligentes con lo interior. Otros visten lo externo para ocultar su condición interior:

> Porque tú dices: Yo soy rico, y me he enriquecido, y de ninguna cosa tengo necesidad; y no sabes que tú eres un desventurado, miserable, pobre, ciego y desnudo.
>
> —Apocalipsis 3:17

Necesitamos dejar de ocultar nuestra condición interior y en su lugar permitir que Dios nos sane. Él ya conoce nuestra verdadera condición, pero aún así Él nos ama. Desenredemos nuestras vidas de lo superficial y abracemos lo sobrenatural. Es urgente que nos

¡No eres lo que ves!

consagremos y nos separemos, no por rasgar nuestras vestiduras naturas, sino por rasgar el velo escondido de nuestros corazones.

> Rasgad vuestro corazón,
> y no vuestros vestidos,
> y convertíos a Jehová vuestro Dios;
> porque misericordioso es y clemente,
> tardo para la ira y grande en misericordia,
> y que se duele del castigo
>
> —JOEL 2:13

8

Hijas del desierto

Cuando Dios se refiere al matrimonio Su referencia no está limitada ni definida por nuestra frágil percepción cultural.

> Porque tu marido es tu Hacedor; Jehová de los ejércitos es su Nombre, y tu Redentor, el Santo de Israel; Dios de toda la tierra será llamado. Porque como a mujer abandonada y triste de espíritu te llamó Jehová, y como a la esposa de la juventud que es repudiada, dijo el Dios tuyo. Por un breve momento te abandoné, pero te recogeré con grandes misericordias.
> —Isaías 54:5–7

Soltera o casada, hombre o mujer, esta promesa es un pacto para cada creyente. Dios se presenta aquí como un Marido de una mujer infiel a quien abandonó en su enojo, para luego perdonarla, restaurarla y acercarla nuevamente a Sí mismo.

Dios usó analogías vívidas y emotivas para describir

Su relación con su amado Israel. Pero estas analogías describen no tan solo a Israel la nación, sino que se extienden a un Israel espiritual—los hijos del pacto.

NUESTRO PACTO MATRIMONIAL

ESTA RELACIÓN SE DESCRIBE en el Nuevo Testamento con esta comparación:

> Por esto dejará el hombre a su padre y a su madre, y se unirá a su mujer, y los dos serán una sola carne. Grande es este misterio; mas yo digo esto respecto de Cristo y de la iglesia.
> —EFESIOS 5:31-32

Si tú como creyente eres parte de la iglesia, este es tu pacto matrimonial. Estos principios, promesas y provisiones se aplican a tu vida. Están disponibles para hombre y mujer, soltero o casado, judío o gentil. En Romanos se ilustra la fuerza de este nuevo pacto.

> ¿Acaso ignoráis, hermanos (pues hablo con los que conocen la ley), que la ley se enseñorea del hombre entre tanto que éste vive? Porque la mujer casada está sujeta por la ley al marido mientras éste vive; pero si el marido muere, ella queda libre de la ley del marido. Así que, si en vida del marido se uniere a otro varón, será llamada adúltera; pero si su marido muriere, es libre de esa ley, de tal manera que si se uniere a otro marido, no será adúltera. Así también vosotros, hermanos míos, habéis muerto a la ley mediante el cuerpo de Cristo, para que seáis de otro, del que resucitó de los muertos, a fin de que llevemos fruto para Dios.
> —ROMANOS 7:1-4

¡Fuera de control y disfrutándolo!

Nos pertenecemos el uno al otro. Nuestro viejo marido era la ley de la muerte y pecado; nuestro nuevo Marido es Cristo. Hemos muerto a lo viejo para poder ser libres de aferrarnos a lo nuevo. Notemos que esta mayor explicación espiritual es ilustrada y explicada por una menor ley natural. Esta aplicación de lo natural para explicar lo espiritual no niega las leyes naturales; las valida. El significado espiritual más profundo sostiene y apoya las leyes de la naturaleza. Por lo tanto, reconocer a tu Hacedor como tu Marido no niega la ley natural del matrimonio. Sobrepasa y rodea la ley menor con la protección y provisión de la ley mayor. Reconocer y aplicar esta verdad nos trae la revelación del matrimonio y su propósito. Está divinamente arraigado en el compañerismo con Dios. Un hombre, Adán, y su esposa, Eva, existen en unión como unos con su Creador. Este es el plan divino de Dios.

Yo he hablado en términos naturales para explicar lo sobrenatural. Más adelante hablaré más de los matrimonios naturales. Por ahora quisiera seguir avanzando de lo natural hacia lo espiritual.

Desde este punto en adelante en este capítulo, no me estaré dirigiendo a la situación natural de ser soltero o casado. Yo estoy hablando de la relación entre Dios y el creyente.

Si permitimos que Él lo haga, el Espíritu Santo revelará a Dios como nuestro Marido. Él es digno de nuestra confianza y Su Palabra es digna de nuestra obediencia. Yo oro que al estudiar las escrituras en este capítulo sea como que las leas por la primera vez.

Belleza eterna

Dios usó a la mujer para describir a Su novia y a Su

Iglesia. Por lo tanto, creo que las instrucciones de Dios para la mujer revelan claves para todos los creyentes.

Porque así también se ataviaban en otro tiempo aquellas santas mujeres que esperaban en Dios, estando sujetas a sus maridos.
—1 PEDRO 3:5

Somos hermoseadas con una belleza eterna cuando nos sujetamos y adaptamos nuestra voluntad a la voluntad de Dios. Al entregar nuestros deseos y derechos, nos escondemos bajo las alas de Su voluntad. Aquí encontramos la aplicación a la belleza eterna de Dios:

> Como Sara obedecía a Abraham, llamándole señor (amo, líder, autoridad).
> —1 PEDRO 3:6A

Cuando Sara y Abraham viajaron a naciones extranjeras, Abraham tenía miedo de su seguridad personal debido a la belleza de Sara. Ella era tan hermosa que los reyes la colocaban en sus harenes, no cuando ella era joven, sino cuando tenía entre setenta y ochenta años. Abram le dijo a Sarai:

> Ahora pues, di que eres mi hermana, para que me vaya bien por causa tuya, y viva mi alma por causa de ti. Y aconteció que cuando entró Abram en Egipto, los egipcios vieron que la mujer era hermosa en gran manera. También la vieron los príncipes de Faraón, y la alabaron delante de él; y fue llevada la mujer a casa de Faraón.
> —GÉNESIS 12:13–15

¡FUERA DE CONTROL Y DISFRUTÁNDOLO!

Dios protegió a Sara aun cuando su marido colocó su propia seguridad por sobre la de ella. Dios se movió en un terreno sobrenatural para protegerla de los reyes que la habían llevado a sus harenes. Dios hizo esto porque ella era un tesoro precioso para Él. Debemos seguir su ejemplo al reconocer y sujetarnos a la guía de Dios y a su Señorío sobre nosotros.

> De la cual (Sara) vosotras habéis venido a ser hijas, si hacéis el bien, sin temer ninguna amenaza.
> —1 PEDRO 3:6B

Sara no tenía hijas naturales. Pero esta promesa afirma que podemos ser sus hijas verdaderas. Yo creo que somos las hijas de la promesa, del pacto, las hijas de una mujer libre, cuando nos comportamos como nuestra madre, Sara. Esto significa que hacemos lo que conocemos es lo correcto, no entregándonos a nuestros temores histéricos y al no permitir que la preocupación nos robe nuestra valentía.

Sara era una mujer libre. Ella fue estimada y honrada porque ella estimó y honró a Dios y a su esposo. Agar, por el otro lado, era una mujer esclava, una cautiva que despreciaba a su ama, Sara. El vástago de Agar siguió el modelo de su madre y se burló de Isaac. Sara comprendió que tuvo que hacerse una separación de los esclavos y de los libres.

> Echa fuera a la esclava y a su hijo, porque no heredará el hijo de la esclava con el hijo de la libre.
> —GÁLATAS 4:30

El hijo de la esclava no fue el único al que le fue negado una porción de la herencia. La mujer esclava también fue echada fuera de su herencia. Las dos mujeres, libre y esclava, tenían el mismo marido. Las dos tenían hijos. Sin embargo, la relación de Sara con Abraham era muy diferente. Agar representaba la carne y sus ataduras. Sara representaba la libertad y la promesa. Gálatas lo expresa de esta manera:

> Pero el de la esclava nació según la carne; mas el de la libre, por la promesa. Lo cual es una alegoría, pues estas mujeres son los dos pactos; el uno proviene del monte Sinaí, el cual da hijos para esclavitud; éste es Agar. Porque Agar es el monte Sinaí en Arabia, y corresponde a la Jerusalén actual, pues ésta, junto con sus hijos, está en esclavitud. Mas la Jerusalén de arriba, la cual es madre de todos nosotros, es libre.
>
> —GÁLATAS 4:23–26

Nuevamente surge la promesa a los descendientes de Sara. La belleza de Sara era incorruptible, no solo cuando era joven, sino ¡cuando era anciana! Ella es un modelo natural de la belleza eterna e incorruptible que encontramos en Cristo.

EL PROGRAMA DE BELLEZA DE SARA

RESULTA OBVIO DE ESTA narración que Sara era una mujer de belleza excepcional. Entonces, veamos cuál fue su programa de belleza.

- Dejó todo lo que le era cómodo y familiar
- Ella siguió a su marido a una tierra extraña.
- Ella vivió en un toldo en el desierto.
- Ella confió en Dios y no se preocupó ni tuvo temor.

¡Fuera de control y disfrutándolo!

Esta no era la vida de una reina mimada en un palacio. Era una vida de constante transición y fe. Ella se afincaba (si se puede llamar vivir en un toldo "afincarse") en un lugar por un tiempo, luego viajaba a través del desierto a otro lugar. Ella siempre estaba esperando el cumplimiento de la promesa de Dios y confiaba en la guía de su esposo. Ella honraba y obedecía a su esposo, y él honraba y obedecía a Dios. No hay registro alguna de alguna queja de parte de Sara. Ella nunca miró atrás para ver lo que dejaba. Abraham, el padre de la fe, y su princesa, Sara, son un ejemplo y un modelo de Cristo y Su esposa, la iglesia.

Nosotras somos llamadas a adaptarnos con una actitud dependiente y secundaria a Cristo. Él es nuestra Cabeza, y quienes creen están sujetos a Su señorío, liderazgo y autoridad. Pero no tenemos razón para temer. Él es nuestro Hacedor–Marido. Él nos ha forjado con Su amor.

En el próximo capítulo quiero mirar a las aplicaciones naturales de estas verdades al pacto matrimonial.

9

En control y odiándolo

CORRÍA EL AÑO 1987, y yo me encontraba estresada, intentando desesperadamente ser una empleada profesional, esposa y madre perfecta. Mi primogénito no había cumplido un año. Yo aún amamantaba, lo cual requería succionar mi leche en el trabajo y pasar mis horas de almuerzo en el hogar de la niñera. Yo me aseguraba que toda la comida para el bebé fuera hecha con verduras y frutas orgánicas y naturales, por lo que yo la preparaba toda.

Mis horarios exigentes de trabajo aun se extendían a mis fines de semana. Yo enfrentaba desafíos personales y profesionales en la oficina. En medio de todo esto yo trataba de ser y actuar de manera perfecta. Yo cuidaba de no reflejar que me estaba desmoronando bajo el peso de las presiones y las demandas impuestas. Para realizar esto, mantenía horarios muy estrictos, y pronto llegué a obsesionarme con el control.

Notemos que no he mencionado a mi marido. Esta es la razón: yo lo consideraba en lo más inferior de mi lista de prioridades. Yo justificaba mi actitud al razonar

¡Fuera de control y disfrutándolo!

que él era un adulto y podía arreglarse por sí mismo. Al fin y al cabo, había otras áreas que exigían mi atención y capacitación.

Sin embargo había una razón más profunda por mi falta de atención. John y yo habíamos aprendido a coexistir en nuestros mundos separados. Cuando estos mundos ocasionalmente chocaban, explotaban en enojo y palabras hirientes.

En ese tiempo yo trabajaba más horas que John y era la única responsable del cuidado de nuestro hijo. Yo sentía que John era indiferente e insensible a las necesidades y exigencias sobre mi vida. Yo sentía que él no llevaba su carga. Lo reprochaba, lo criticaba y lo tenía en menos en lo que parecía ser un inútil intento de cambiarlo.

John no era el hombre que es hoy. Él estaba en un tiempo incómodo de transición, determinado en encontrar y cumplir el propósito y diseño de Dios para su vida. Esta búsqueda lo consumía a desmedro de todo lo demás. Parecía que cuanto más buscaba encontrar la dirección de Dios, más le eludía. John se puso inseguro e incierto en sí mismo. Él anhelaba tal o cual respuesta, pero solo se desilusionaba cada vez más.

Yo también estaba desilusionada y desanimada. Yo comencé a preguntarme si John llegaría a oír de Dios. Yo estaba cansada de trabajar tiempo completo. Yo quería estar en casa con mi hijo, pero tenía miedo de renunciar. En mi frustración, me resigné a un cinismo, y desarrollé la actitud de "lo-creeré-cuando-lo vea."

Cuando John me compartía con entusiasmo lo que él creía que Dios le había mostrado, yo suspiraba y meneaba la cabeza. *Otra vez con lo mismo,* yo pensaba. Comencé a ser rápida y descuidada con mis opiniones. Yo estaba bajo la equivocada impresión que Dios nos había unido, a John y a mí, porque yo

En control y odiándolo

era tan sabia (a mi propio entender) y podría aconsejar a John. Tomé esto como una tarea interminable: compartir mi sabiduría y discernimiento crítico con él. A menudo yo tenía razón en mi evaluación, lo cual era rápida en indicar a John. "¡Ves! ¡Te lo dije!", yo afirmaba. Yo creía que mi revelación haría que John se diera cuenta de lo exacto de mi consejo y acercarlo más a mí. Pero tuvo el efecto contrario. Yo era la sabelotodo que hacía sentir a John como un fracaso. Percibiendo que su propia esposa no creía en él, él se alejó de mí. Pronto recibía consejo fuera de nuestro matrimonio. Ambos nos fuimos distanciando el uno del otro.

Yo continuaba trabajando tiempo completo mientras que John trabajaba medio tiempo. Él oraba durante horas, ayunaba, hablaba con sus amigos y jugaba al golf. Al mismo tiempo yo estaba estresada y preocupada por nuestros seguros sociales y nuestra provisión económica. Yo me resentía con su falta de participación. Yo le echaba la culpa por toda la presión que sentía. Mi empleador estaba en medio de grandes despidos en el trabajo, y yo temía por mi empleo. La preocupación y el estrés comenzaron a ser un estilo de vida para mí.

LA ADMINISTRACIÓN DE LA CRISIS

LA REALIDAD ES QUE nunca enfrentamos una crisis. Yo simplemente estaba pensando hacia adelante y preocupándome de antemano por alguna crisis. Pronto mis temores y ansiedades me sobrepasaron. Yo quería que John sintiera algo de la presión que yo estaba experimentando.

Pero no importaba cuánto intentaba persuadir a John de preocuparse conmigo: no lo hacía. Él

¡FUERA DE CONTROL Y DISFRUTÁNDOLO!

declaraba que Dios tenía todo bajo control. Yo estaba segura que Dios no estaba en control. A mis ojos, yo estaba reteniendo toda la situación, y veía que las cosas se escapaban de mis manos. Mi respuesta fue entrar en pánico. Yo estaba convencida de que John estaba en un estado de negación. "¿Y qué si pierdo mi empleo?" le insistía. "¡No tenemos seguro social!"

—¿Estás por perder tu empleo?—me preguntaba John.

—¡No! ¡Claro que no!—le discutía.—¿Pero si me pasa? ¿Tienes otro plan?

—Dios tendrá uno si llega a suceder—contestaba John calmadamente.—Lisa, suelta todo esto y entrégaselo a Dios.

¡Jamás! era lo que pensaba. *Si yo no estoy atendiendo todo esto no se logrará nada.*

Yo me sentía tan fuera de control que traté de controlar todo lo que estaba en mi poder. Asumí la responsabilidad de recordarle a John que hiciera todo. Lo retaba acerca de la basura cuando al regresar del trabajo lo encontraba allí en la cocina.

Yo sentía que era extremadamente importante permanecer responsable, y esto significaba preocuparme por todo. Ya que John no estaba dispuesto a unirse a mí, yo me preocupaba por ambos. Yo estaba atormentada porque yo medía nuestro futuro y seguridad económica por mi limitada habilidad de proveer.

A veces mis temores se hacían tan extremos y reales, que despertaba a John de un profundo sueño para informarle que yo estaba llevando una excesiva carga de preocupación. "Si tan solo prestaras atención a estas cosas, podría descansar," me quejaba. Pero él no aflojaba. Nuevamente me sugería que entregara mis cargas más pesadas a Dios y que volviera a dormirme. Pero no quería dar mis cargas a Dios.

¡Quería dárselas a John! Poniéndolo en papel, el razonamiento suena absurdo, pero parecía muy lógico y cuerdo en ese momento. Mis temores imaginarios no eran menos reales que si me hubieran sucedido en realidad. Algunas de ustedes se reirán de mí, pero quizás otras se identifiquen con mi pánico frenético.

Renunciando al yugo

La preocupación es a la vez un verbo y un sustantivo. En la forma de verbo significa "hostigar, irritar, atormentar." Yo estaba ciertamente experimentando todo esto. Yo estaba atormentada; por lo tanto, yo atormentaba. La preocupación es la incredulidad en acción y es alimentada por el temor.

Yo estaba continuamente plagada por temores mientras que la preocupación sofocaba la Palabra de Dios de mi vida. Mi mente nunca estaba en paz sino que siempre estaba en desorden mientras yo mentalmente recorría cada crisis imaginable.

Está de más decir que hacía mucho tiempo que yo no disfrutaba de ningún tipo de paz ni descanso. La tensión era mi compañera constante, y la queja y la recriminación eran mi mayor manera de comunicación. Yo estaba físicamente agotada, y sin embargo, no podía dormir. Aun en mis sueños yo luchaba con mis temores y preocupaciones.

Yo pensé que quizás necesitaba simplemente relajarme antes de ir a la cama. Trataba de relajarme al tomar un baño de burbujas perfumadas o una ducha antes de acostarme. En la bañera me sumergía hasta que solo mi nariz permanecía por sobre el nivel del agua. De esa manera podía respirar, pero no tenía que ver ni oír nada. Pero aún bajo el agua no se puede

¡FUERA DE CONTROL Y DISFRUTÁNDOLO!

escapar de lo que está dentro de la mente. En otras noches me duchaba hasta acabar el agua caliente, pero no hubo resultados. Yo no podía escapar las presiones internas y externas que pesaban sobre mí. La tensión se apoderaba de mis hombros y cuellos como un feroz tirano. Yo experimentaba la frustración desesperanzada de sentirme responsable por algo que no tenía la autoridad de cambiar. Mi carga era demasiado pesada porque no era mía para soportar.

Una noche, mientras estaba en la ducha, me quejé con Dios en vez de quejarme a John sobre mi pesada carga. Yo me lamentaba y explicaba cuán sobrecargada me sentía porque no podía entregar mi carga a John. Al fin, si él ni siquiera se acordaba de sacar la basura, ¿cómo podría confiarle cosas más importantes? Yo renegaba con Dios, justificando por qué yo no podía renunciar al control.

—Lisa, ¿crees que John es un buen líder?—me preguntó suavemente el Señor.

—¡No, no lo creo!—le afirmé.—¡No confío en él!

—Lisa, no tienes que confiar en John—Él contestó.—Solo tienes que confiar en mí. No crees que John está haciendo un buen trabajo como cabeza de este hogar. Tú sientes que lo puedes hacer mejor. La tensión y el malestar que estás experimentando es a causa del peso y la presión de ser la cabeza del hogar. Es un yugo para ti, pero un manto para John. Deja el yugo, Lisa.

¡Inmediatamente me di cuenta! El liderazgo de nuestro hogar era opresivo para mí porque no era la posición que debía ocupar. No sería opresivo para John porque Dios lo había ungido como cabeza del hogar. Yo reconocí cómo había estado luchando por la posición de liderazgo en nuestro hogar. Me di cuenta cuán crítica y destructiva me había hecho. Yo había tirado abajo a mi marido en lugar de edificarlo y creer en él. Él, a su vez, había dejado su posición de autoridad en mí, y yo había hecho un desorden con ella. Quebrantada, apagué la ducha y tomé una toalla. Encontré a John en nuestro dormitorio. Lloré y pedí perdón por todas mis críticas y opiniones hirientes, solemnemente prometiéndole: "John, me pondré por detrás tuyo y te apoyaré. Yo creo en ti."

En ese tiempo no estaba segura de qué es lo que estaba apoyando o creyendo. Sólo sabía que John necesitaba este apoyo más de lo que yo necesitaba saber el cómo y el por qué de los detalles. Yo reconocí que todo estaba tremendamente desordenado en nuestro hogar. Yo quería que Dios ordenara el caos que yo había creado. A su vez, John me pidió perdón por no guiar el hogar y por abstraerse de mí. Hicimos un pacto de amar, sostenernos y nutrirnos el uno al otro.

Esa noche pensé que estaba muriendo a la esperanza de lograr mis sueños y necesidades, pero ya no me importaba. Por la primera vez en años dormí y encontré descanso. Mi yugo de cautiverio había sido quitado.

Yugos y mantos

PARA COMPRENDER LO QUE sucedió, es importante conocer el significado de yugo. Un yugo simboliza la opresión debido a una gran responsabilidad, obligación o pecado. Representa una carga tan grande que no la puedes esquivar sino que te controla. El portador no tiene autoridad sobre ella; el yugo es el amo. Significa esclavitud o servidumbre. La frase "romper el yugo" quiere decir asegurar tu libertad.

Estamos bajo yugo de cautiverio cada vez que

cargamos aquello que Dios nunca quiso que cargáramos. Esto no está limitado al matrimonio. A menudo, al ministrar a otros, puedo discernir cuando una persona está bajo opresión, depresión o temor. Más allá de reconocer los efectos externos, también puede sentir el peso y el esfuerzo del yugo sobre sus hombros. En el espíritu puedo ver a la persona agobiada con una carga demasiado pesada para ella. La persona lucha y se esfuerza en contra de la carga, pero el yugo siempre termina oprimiéndolo. A la persona no le corresponde cargar con el yugo. El principio no está limitado al matrimonio natural, sino que incluye todo aquello que cargamos que no debiéramos cargar.

Por el otro lado, el manto representa protección, calidez, cobertura y posición. Fue diseñado para ser una vestimenta sin restricciones, un manto sin mangas que se usaba sobre las otras vestimentas. Era lo suficientemente grande como para llevar y ocultar cosas por debajo. A la noche se usaba como un cobertor.

El detalle y ornamentación de un manto representaba una posición social. El manto de Samuel fue realizado por su madre como una miniatura de la vestimenta sacerdotal. El manto de José era de muchos colores, llamando la atención hacia su persona y exaltándolo por sobre sus hermanos. Isaías y Juan el Bautista usaron mantos de piel de animal, indicando sus llamados proféticos, similares y especiales.

Un manto cubre nuestra desnudez, oculta nuestras faltas, carga mercadería y anuncia nuestra autoridad o posición a quienes nos rodean.

Yo había estado bajo yugo, y John había perdido su manto. ¡Con razón estábamos en desorden! Cuando me sujeté al orden establecido de Dios para el hogar, mi yugo fue quebrado y John fue vestido con el manto del liderazgo de Dios. Yo también quedé cubierta, porque el manto se abría para cubrir y protegerme y a todas las personas bajo el cuidado de John. Cuando estamos en la correcta sujeción a Cristo, somos cubiertos y envueltos en todo lo que significa Su manto.

Este principio se aplica a todos—hombre o mujer, casados o solteros. Cristo es tu sacerdote, protección y provisión. Atrévete a confiar en él y la estructura de autoridad que Él ha establecido. Él es nuestro Marido y Abogado con el Padre.

ZONA DE CONSTRUCCIÓN

AL PRINCIPIO ME RESULTABA difícil entregar el control Pero todos los eventos del año que había pasado me hicieron dar cuenta de que yo nunca había estado realmente en control—yo tan solo había estado peleando el control de Dios.

Mientras analizaba el desorden que yo había creado, sabía que ya no podía más confiar en mí misma. Era tiempo de dejar prevalecer la sabiduría de Dios. Era tiempo de reconstruir lo que había sido derribado.

> La mujer sabia edifica su casa; mas la necia con sus manos la derriba.
> —PROVERBIOS 14:1

Al intentar construir seguridad y estructura con mis propias manos yo, sin querer, había echado todo abajo. En mi necedad había demolido el orden de Dios. A menos que Dios edifique la casa, en vano trabajan los que la construyen (Sal. 127:1). Era muy aparente que toda mi preocupación y ansiedad habían sido inútiles y destructivos a mi matrimonio y mi salud.

Cuando estamos frustrados con el progreso del proceso de Dios en nuestras vidas o en las vidas de quienes nos rodean, a menudo decidimos intervenir. Pero en lugar de construir, terminamos destruyendo las paredes de protección que Dios ha provisto para nuestras relaciones. Esta demolición ocurre ante las embestidas de la crítica, el menoscabo, y las quejas.

En mi intento desesperado de retener las cosas vi como todo escapaba de mis manos. Yo me aferraba y retenía, solo para abrir mis brazos y descubrirlos vacíos. Estoy tan agradecido a Dios por haberme revelado mi necedad antes de que fuera demasiado tarde.

A menudo tenemos temor de confiar en que Dios construya nuestro hogar. Entonces tomamos nuestros propios planos, y comenzamos a construir. Cuando nos encontramos con paredes inamovibles, cimientos defectuosos y recursos agotados, ¡clamamos pidiendo ayuda!

Quizás estés en tal situación. Dios está esperando. Él saldrá de las sombras de donde ha estado esperando pacientemente mirando tu frenético proyecto. Tenemos Su afirmación que Su plan es el mejor. Sus planos incluyen no solamente el suplir nuestras necesidades, sino también nuestros anhelos más profundos.

Cuando ya no me sentía responsable de cambiar a John, yo me sentí libre de utilizar esa misma energía en amarle. Pude volver a disfrutar de él. Estoy tan agradecida por la misericordia de Dios que pude perdonar con rapidez lo que yo creía eran las faltas de John. Empecé a esperar lo bueno, no lo malo. Aunque ninguna de nuestras circunstancias exteriores cambiaron, las presiones ya no estaban. Yo continuaba trabajando tiempo completo, pero ahora era diferente. Yo no me veía como la fuente de provisión, y a John como el problema. Yo sabía que Dios era mi fuente de provisión y la respuesta. John también estaba diferente. Él estaba más arraigado y contento. Ya no sentía que debía ganar mi respeto, porque yo ya respetaba la posición que Dios le había dado dentro del hogar. A su vez, estaba más considerado. No era extraño que John ordenara la casa o que tuviera la cena lista cuando regresaba del trabajo. Hasta llegó a comprarme platos y un lava y secarropas para darme una sorpresa.

Hombre nuevo

YO MIRÉ A MI MARIDO pasar de ser un joven a un hombre del Espíritu. Había una nueva audacia, confianza y autoridad en su vida. Dios contestó cada una de mis oraciones y excedió mis expectativas. Yo respeto a mi marido como el varón de Dios, no solo porque fui ordenada para honrarlo y respetarlo, sino también porque personalmente creo con todo mi corazón que es un varón de Dios. Yo personalmente he experimentado una mayor paz, autoridad, protección y unción sobre mi vida desde que entregué el control y eché de lado a mi yugo. John es mi mejor amigo. Es mi compañero y un regalo de Dios.

Donde reinaba una confusión campal, ahora reinaban la fe, la paz y el amor. Estábamos realmente contentos. Disfrutábamos el uno del otro y del precioso hijo que Dios nos había dado. Fue en este ambiente que llegó la promoción para John. No hubo forcejeo ni luchas esta vez. Cuando Dios abre las puertas todo es claro y obvio. Estábamos sorprendidos por la velocidad que Dios puso todo en orden.

¡FUERA DE CONTROL Y DISFRUTÁNDOLO!

Dios podía confiar en nosotros porque estábamos de acuerdo. Los dos éramos uno. Quizás algunas de ustedes han estado orando para que su marido cambie. Entreguen esta carga a su Marido-Hacedor. Es una carga demasiada pesada para llevar.

EL NUEVO ORDEN DE DIOS

ES IMPORTANTE RECORDAR QUE somos la familia de Dios. Él es nuestro Padre y nosotros somos Sus Hijos. Antes que existiera la iglesia como la conocemos, existía la familia. El plan de Dios para nuestros hogares es mejor que el nuestro—Él provee protección, provisión, paz y placer. Es un buen plan porque Él es un buen Dios.

Somos testigos de esta restauración en los varones. Dios está volviendo sus corazones hacia Él. Porque Dios es un Padre, Él les está recordando sus funciones como maridos y padres. Cuando Dios guía, Él quiere que los hombres sigan. Él quiere que sean fuertes.

Por demasiado tiempo se ha echado la culpa a la mujer por las debilidades de los hombres. La filosofía religiosa era: Si las mujeres hacen una retirada, los hombres serán fuertes. La verdad es que mujeres débiles no hacen a hombres fuertes. Dios hace fuertes a los hombres. Dios también hace fuertes a las mujeres. No fue la intención de Dios que las mujeres restauraran a sus hombres. Dios los restaurará. Es importante que estemos en la posición para recibir la bendición en el proceso.

Dios está preparando y comisionando a los hombres a guiar a sus hogares como sacerdotes, no como señores. Ellos no serán los sacerdotes perfectos. Ellos cometerán errores. Pero, ¿estamos listas a seguir? Dios

En control y odiándolo

está preparando un sacerdocio que ponga a Su casa en orden. Él está ungiéndoles con corazones apartados para Él. Esta unción dará a los hombres un corazón para sus familias.

Esta es la respuesta a nuestras oraciones, pero, ¿estamos listos? Lo más probable es que Dios no lo haga en la manera que lo esperamos o pedimos que haga. Por un tiempo quizás sea incómodo o desconocido, pero eventualmente traerá un refrescar y una renovación. Dios se mostrará soberano y recibirá toda la gloria. Su plan producirá los deseos de nuestro corazón.

UN REINO EN TRANSICIÓN

ENCONTRAMOS TAL TRANSICIÓN EN la historia de la nación de Israel. Dios había ungido a David para ser el rey en lugar de Saúl. Saúl se había vuelto del consejo del Señor, y Dios lo había rechazado como rey. Dios reemplazó a Saúl con David, un hombre tras su corazón.

David había sido unido a la casa de Saúl por su matrimonio con Mical, la hija de Saúl. David había ganado su mano cuando mató al gigante Goliat. Mical vendría a simbolizar el conflicto entre los reinos de Saúl y David.

Durante el reinado de Saúl el arca del pacto no había sido restaurado al templo de Dios. Cuando David fue rey, trajo el arca de regreso a Jerusalén. En esta celebración, David se olvidó de sí mismo. Desbordando de la bondad y misericordia de Dios, se quitó sus túnicas exteriores y bailó delante del Señor y de todo Israel.

Pero no todos estaban contentos como David. Mical observó esta manifestación de adoración arriba desde su ventana.

¡Fuera de control y disfrutándolo!

> Cuando el arca de Jehová llegó a la ciudad de David, aconteció que Mical hija de Saúl miró desde una ventana, y vio al rey David que saltaba y danzaba delante de Jehová; y le menospreció en su corazón.
>
> —2 Samuel 6:20

Mical no estaba lista de aceptar esta libertad. Ella falló en reconocer que era Dios quien había quitado a su padre y entronado a su marido. Ella quería aferrarse al viejo orden de la casa de su padre. Al final, ella era realeza, como descendiente del primer rey de Israel. Envuelta en su orgullo, ella despreció la humildad y expresión de David. Ella trató de humillarlo delante de sus ancianos.

> Volvió luego David para bendecir su casa; y saliendo Mical a recibir a David, dijo: ¡Cuán honrado ha quedado hoy el rey de Israel, descubriéndose hoy delante de las criadas de sus siervos, como se descubre sin decoro un cualquiera!
>
> —2 Samuel 6:20

Aunque él era su esposo y el rey, ella no lo honró. Quizás ella estaba resentida por la libertad de David mientras ella se sentía tan atada.

Como resulta frecuentemente, David encontró que la mayor resistencia estaba dentro de su propio hogar. Mical había esperado que el amor de David hacia ella le permitiría controlarlo. Pero el amor de David por Dios excedió cualquier deseo que tenía por una posición de honor en su hogar o reino.

Entonces David respondió a Mical: Fue delante de Jehová, quien me eligió en preferencia a tu padre y a

En control y odiándolo

toda tu casa, para constituirme por príncipe sobre el pueblo de Jehová, sobre Israel. Por tanto, danzaré delante de Jehová. Y aun me haré más vil que esta vez, y seré bajo a tus ojos; pero seré honrado delante de las criadas de quienes has hablado. Y Mical hija de Saúl nunca tuvo hijos hasta el día de su muerte.

El plan de Mical fracasó. Ella había mal usado su posición cuando trató de manipular el amor de David por ella. Ella no solamente había perdido el amor y el favor de su marido, sino la oportunidad de tener hijos. Ella fue estéril el resto de su vida. Ella había perdido el corazón del hombre que intentó controlar.

David, sin embargo, se negó al honor del hombre y al afecto de su mujer para aferrarse al honor a Dios.

Esta tragedia tiene una lección muy importante. No debemos despreciar el liderazgo que Dios ha establecido en nuestras vidas. No debiéramos burlarnos de aquellos líderes que vienen a bendecirnos de una manera o método a los cuales no estamos acostumbrados. Quizás no adoren ni guíen de la manera que pensamos que debieran hacerlo. Recuerda, cuando Dios toma control de un líder, es para el beneficio y protección de todos aquellos bajo el cuidado del líder.

Este principio no está limitado al matrimonio; representa la autoridad de Cristo y Su iglesia. Simboliza la transición de los viejo a lo nuevo, de control a soltar control. La decisión es nuestra. ¿Elegiremos disfrutar las bendiciones de una renovación, o nos burlaremos desde el costado, en amargura y esterilidad?

Trayéndolo al hogar

No confinemos este principio a la relación femenina/masculina. Esto se aplica a cualquier área en donde estamos enfrentados con la decisión de aferrarnos a lo

¡FUERA DE CONTROL Y DISFRUTÁNDOLO!

viejo o proseguir con lo nuevo. Se trata de dejar lo cómodo y salir hacia lo inesperado.

Piensa en el último año de tu vida. ¿Podrías decir, como yo lo hice, que has estado estresada? ¿Te estás consumiendo tratando de mantener el control de áreas que Dios nunca tuvo la intención que cargaras? ¿Estás en control—y odiándolo?

Pide a Dios que te muestre la diferencia entre un yugo y un manto. Recuerda que un yugo te esclaviza al hacerte responsable de algo que no es tu responsabilidad y no está bajo tu control. Un manto, por otra parte, descansa sobre ti cuando operas en la autoridad y unción que Dios ha preparado para ti.

Dios me enseñó este principio en el contexto de mi matrimonio. Pero se aplica a mucho más que esto. Cualquier responsabilidad que tomes que Dios no haya dispuesto para ti te impondrá un yugo. Sin embargo, cuando Dios te da un llamado para cumplir, Su manto de unción te ayudará a realizarlo.

Ora conmigo:

Dios,

Te pido que me muestras cualquier yugo que esté estorbando mi vida.

Ayúdame a dejarlos de lado. Señor, muéstrame el llamado que tienes para mi vida ahora mismo. Pido por el manto de la unción que me ayudará a cumplirlo. Señor, ayúdame a reconstruir cualquier área que yo haya derribado por no seguirte. Amén.

10

El temor:
la batalla para tu mente

¿POR QUÉ ALGUIEN PODRÍA despreciar el orden de Dios para su vida? ¿Por qué alguien sigue luchando para retener cuando realmente debiera soltar? ¿Por qué busca retener y no soltar el control? ¿Por qué? Porque tiene miedo. El temor es una fuerza insidiosa. Causa que la razón y la sabiduría nos escapen. Nos apura, nos impulsa, empujándonos al borde de la incredulidad. Para vencer el temor debemos conocer su naturaleza. El temor no es un estado mental de la mente o una actitud errónea. Es un espíritu.

> Porque no nos ha dado Dios espíritu de cobardía, sino de poder, de amor y de dominio propio (mente cuerda).
> —2 TIMOTEO 1:7

El temor es un espíritu. No es de Dios. Es enviado por el enemigo a atormentar nuestras almas y contaminar nuestro espíritu humano. El temor viene a

¡FUERA DE CONTROL Y DISFRUTÁNDOLO!

robarnos nuestro poder, amor y dominio propio. Como una fuerza espiritual, el temor debe ser enfrentado espiritualmente.

BATALLANDO POR PODER

EL TEMOR SOLO TOMA poder en la medida que nos entregamos a su engaño. El temor roba nuestro poder al engañarnos a creer sus mentiras. Los temores imaginarios se hacen realidad si los creemos. Aun los temores más infundados pueden alterar el curso de nuestras vidas y a la vez cambiar nuestros destinos.

El destino de los hijos de Israel era la tierra prometida, pero dejaron de lado las promesas de Dios para aferrarse a sus temores. Ellos colocaron su fe en sus temores. Al hacer esto, elegían las mentiras del diablo por encima de la verdad de Dios.

Dios dijo:

> Y he descendido para librarlos de mano de los egipcios, y sacarlos de aquella tierra a una tierra buena y ancha, a tierra que fluye leche y miel... He aquí yo envío mi Ángel delante de ti para que te guarde en el camino, y te introduzca en el lugar que yo he preparado.
>
> —ÉXODO 3:8; 23:20

El temor dijo:

> No podremos subir contra aquel pueblo, porque es más fuerte que nosotros. Y hablaron mal entre los hijos de Israel, de la tierra que habían reconocido, diciendo: La tierra por donde pasamos para reconocerla, es tierra que traga a sus moradores; y todo el pueblo que vimos en

medio de ella son hombres de grande estatura. También vimos allí gigantes, hijos de Anac, raza de los gigantes, y éramos nosotros, a nuestro parecer, como langostas; y así les parecíamos a ellos.

—NÚMEROS 13:31-33

Ellos creyeron:

¿Y por qué nos trae Jehová a esta tierra para caer a espada, y que nuestras mujeres y nuestros niños sean por presa? ¿No nos sería mejor volvernos a Egipto?

—NÚMEROS 14:3

Cuando eligieron la mentira del temor por sobre la verdad de Dios, renunciaron a su poder de poseer la tierra prometida que Dios ya les había dado. En lugar de heredar promesas, heredaron sus temores.

Diles: Vivo yo, dice Jehová, que según habéis hablado a mis oídos, así haré yo con vosotros. En este desierto caerán vuestros cuerpos; todo el número de los que fueron contados de entre vosotros, de veinte años arriba, los cuales han murmurado contra mí. Vosotros a la verdad no entraréis en la tierra, por la cual alcé mi mano y juré que os haría habitar en ella; exceptuando a Caleb hijo de Jefone, y a Josué hijo de Nun. Pero a vuestros niños, de los cuales dijisteis que serían por presa, yo los introduciré, y ellos conocerán la tierra que vosotros despreciasteis. En cuanto a vosotros, vuestros cuerpos caerán en este desierto. Y vuestros hijos andarán pastoreando en el desierto cuarenta años, y ellos llevarán

¡Fuera de control y disfrutándolo!

vuestras rebeldías, hasta que vuestros cuerpos sean consumidos en el desierto.

—Números 14:28–33

Dios no tuvo la intención que una generación de israelitas murieran al deambular por el desierto. Su plan era rescatarlos de los egipcios y traerlos, escoltados por un ángel, a la buena tierra.

El temor había torcido y pervertido su percepción espiritual de Dios de tal manera que los israelitas creyeron que Dios los había engañado. Ellos creyeron que Él los había librado de la opresión egipcia para que fueran degollados por las naciones paganas de Canaán.

Su lógica suena ridícula, ¿verdad? Sin embargo, ¿cuántas veces sucumbimos sin darnos cuenta a la misma clase de temores irrazonables? El temor causa que nos aminoremos en la duda y la incredulidad.

El temor quiere destruir nuestra fe. Quiere que depositemos nuestra fe en sí mismo y no en la promesa de Dios. Nuestra fe siempre funciona—pero, ¿obrará *a favor* de nosotros o *en contra* de nosotros?

La Biblia nos dice que Dios ha dado a cada uno una medida de fe (Rom. 12:3). Somos administradores de esta fe. Dios quiere que usemos nuestra fe para ser conformados a la imagen de Su Hijo. Sin embargo, el enemigo quiere usarlo en contra de nosotros y conformarnos a una imagen diferente. No entregues el poder de la fe al enemigo de Dios.

Batallando por amor

El temor anda detrás de tu amor porque el enemigo sabe que el amor protege al creyente del temor.

> Dios es amor; y el que permanece en amor, permanece en Dios, y Dios en él...En el amor no hay temor, sino que el perfecto amor echa fuera el temor.
>
> —1 Juan 4:16–18

No hay mayor protección a tu alcance que vivir en el amor de Dios. Aquí te encontrarás escondida e inaccesible al enemigo. El amor de Dios echa fuera el temor. Esta descripción nos confirma nuevamente que el temor es una fuerza espiritual que debe ser tratada espiritualmente. (Fuimos llamados a echar fuera a los espíritus y negar nuestra carne. No podemos negar un espíritu y echar fuera la carne, aunque muchos lo hemos intentado). La misma naturaleza del amor se opone a la naturaleza del temor. La naturaleza del amor está detallada en los siguientes versículos:

> El amor es sufrido, es benigno; el amor no tiene envidia, el amor no es jactancioso, no se envanece; no hace nada indebido, no busca lo suyo, no se irrita, no guarda rencor; no se goza de la injusticia, mas se goza de la verdad. Todo lo sufre, todo lo cree, todo lo espera, todo lo soporta.
>
> —1 Corintios 13:4–7

Podríamos recorrer la lista anterior e insertar los atributos opuestos del temor. El temor es impaciente, malicioso, celoso, jactancioso, orgulloso, torpe, egocéntrico y pronto se enoja. El temor guarda la lista de equivocaciones. Se deleita cuando sucede lo malo que ha pronosticado. Nunca protege, confía, espera ni persevera.

¡Fuera de control y disfrutándolo!

El temor es lo opuesto al amor. El amor y el temor operan creyendo en lo invisible. El amor nos desafía a dudar lo que vemos y creer lo que no podemos. El temor nos urge a creer lo que se está viendo y duda de lo invisible. El temor desplaza al amor y el amor echa fuera el temor. El temor es la fuerza espiritual que está en directa oposición al amor y protección de Dios en nuestras vidas.

Jesús ya ha conquista el mayor temor que cualquier de nosotros pueda enfrentar—el temor a la muerte. Como nuestro Sumo Sacerdote Él fue movido a compasión por nuestras debilidades y comprendió no solo nuestro temor a la muerte, sino todos nuestros temores. Al enfrentar en victoria nuestra mayor temor (la muerte), Él conquistó todos los temores menores y sus ataduras.

> Así que, por cuanto los hijos participaron de carne y sangre, él también participó de lo mismo, para destruir por medio de la muerte al que tenía el imperio de la muerte, esto es, al diablo, y librar a todos los que por el temor de la muerte estaban durante toda la vida sujetos a servidumbre.
> —Hebreos 2:14–15

El temor te tendrá en esclavitud si lo permites. Jesús triunfó sobre cada atadura del temor cuando Él entregó Su vida en la cruz.

> Nadie tiene mayor amor que este, que uno ponga su vida por sus amigos.
> —Juan 15:13

Jesús dio Su vida por amor a nosotros. Jesús conquistó el temor que había avasallado a Adán. El temor de la muerte había gobernado desde la transgresión de Adán en el jardín. Fue el deseo de Adán de ser como Dios lo que causó que transgrediera.

TEMOR EN EL JARDÍN

DIOS ADVIRTIÓ CUIDADOSAMENTE A Adán cuando Él ordenó:

> Mas del árbol de la ciencia del bien y del mal no comerás; porque el día que de él comieres, ciertamente morirás.
>
> —GÉNESIS 2:17

El conocimiento del bien y del mal es la ley del pecado y muerte. Dios quería que Adán permaneciera en la libertad de Su conocimiento de Dios. Adán había logrado este conocimiento al amar y tener comunión con Dios. Él no necesitaba el conocimiento del bien y del mal para caminar con Dios. Adán ya estaba caminando con Dios. Satanás no quería que Adán y Eva permanecieran libres y vivos bajo esta ley de la libertad así que pervirtió la advertencia de protección de Dios.

> Entonces la serpiente dijo a la mujer: No moriréis; sino que sabe Dios que el día que comáis de él, serán abiertos vuestros ojos, y seréis como Dios, sabiendo el bien y el mal.
>
> —GÉNESIS 3:4–5

Adán sabía que Dios era vida, y que en Él no había oscuridad ni muerte. Satanás lo hacía aparecer como que Dios estaba intencionalmente engañando a Adán

¡Fuera de control y disfrutándolo!

para prevenirle de llegar a ser como Dios. Lo que Satanás hizo tenía doble motivo; primero, menoscabó a Dios al cuestionar Su verdad y motivos; segundo, él apeló al deseo de Adán a ser como Dios pero no sujeto a Él. Su mensaje final era, "¿Por qué tienes que creer y obedecer a Dios? Él no tiene tus intereses en mente. Sé tú mismo el señor de tu vida."

Adán y Eva creyeron este engaño. Comieron de la fruta esperando que les diera la sabiduría necesaria para que fueses sus propios amos. Razonaron que cuanto más se parecían a Dios, menos tendrían que sujetarse a Él.

Pero ahora, ¿estaban *más* como Dios? Examinemos la primera respuesta de Adán después de comer la fruta.

> Oí tu voz en el huerto, y tuve miedo, porque estaba desnudo; y me escondí.
>
> —Génesis 3:10

Si Adán y Eva se habían hecho más similares a Dios, ¿por qué entonces le tenían mayor temor, escondiéndose de su presencia?

El temor distorsionó la percepción de Dios que Adán tenía. Llegó a tener miedo del Mismo que lo había formado y que le había soplado aliento de vida. Adán tuvo temor de su Creador porque había transgredido el mandamiento de Dios.

El amor perfecto y el temor no pueden habitar juntos, así que Adán tuvo que salir del jardín de Dios. El temor al juicio siempre intervendrá entre tú y la presencia de Dios.

La transgresión de Adán lo trajo bajo la ley del pecado y de la muerte. Adán eligió el conocimiento de lo bueno y lo malo (la ley) sobre el conocimiento de dios (una relación de amor por el Espíritu). Adán quería ser como Dios pero apartándose de Dios. Adán buscó igualdad con Dios.

> Haya pues, en vosotros este sentir que hubo también en Cristo Jesús, el cual, siendo en forma de Dios, no estimó el ser igual a Dios como cosa a que aferrarse... y estando en la condición de hombre, se humilló a sí mismo, haciéndose obediente hasta la muerte, y muerte de cruz.
> —FILIPENSES 2:5–6, 8

Jesús vivió Su vida bajo el gobierno y el dominio de Dios Su Padre. Él no se gobernaba a sí mismo. Él se negó a moverse independientemente de Dios. Él disfrutaba de obedecer a Dios (Juan 4:34). Por medio de la obediencia Jesús revirtió la ley del pecado y muerte y su dominio de temor.

> Porque la ley del Espíritu de vida en Cristo Jesús me ha librado de la ley del pecado y de la muerte.
> —ROMANOS 8:2

Por lo tanto, somos gobernados por el Espíritu y no por la ley. El temor no puede lograr su batalla en un corazón sujeto y dirigido por el amor de Dios.

Ahora seguiremos con el por qué el temor ataca la cordura de nuestra mente.

UNA MENTE CUERDA

YA QUE EL TEMOR es una fuerza espiritual sin forma, debe habitar algo para lograr expresión. Busca habitar en las fortalezas de la mente. La batalla del temor se libra en la mente.

Una de las estrategias de Satanás consiste en ator-

¡FUERA DE CONTROL Y DISFRUTÁNDOLO!

mentarnos con preguntas. Satanás cuestionó a Eva si Dios realmente quería decir lo que había dicho. Él estaba tratando de menoscabar a Dios y hacerlo pasar por mentiroso.

El temor opera de la misma manera. Siempre está cuestionando, distorsionando y minando lo que Dios ha dicho. *¿Cómo sabes que Dios hará lo que dijo? Quizás lo has malentendido. ¿Dios realmente quiso decir esto? Esta promesa no es para ti.*

El temor quiere que comprometas la integridad de la Palabra de Dios. Dios ha exaltado Su Palabra por sobre Su nombre (Sal. 138:2) de modo que cuando dudamos Su Palabra dudamos todo lo que Dios es. El temor quiere que dudemos la bondad, misericordia, fidelidad, santidad, poder, y gloria de Dios, todo lo que lo hace Dios. El temor tratará de distorsionar la naturaleza y el motivo de Dios al torcer Su Palabra. Esto causará que dudemos a Dios y no confiamos ni creemos en quienes dudamos.

El temor quiere convencernos de que Dios no quiso decir lo que afirmó. Al menoscabar el carácter de Dios y distorsionar Sus palabras, el temor trae a la confusión para atormentarnos. La confusión ataca la cordura o integridad de nuestras mentes.

La confusión divide nuestra lealtad entre Dios y uno. Esto nos deja con una mente doble. Santiago 1:6–8 describe certeramente esta confusión.

> Pero pida con fe, no dudando nada; porque el que duda es semejante a la onda del mar, que es arrastrada por el viento y echada de una parte a otra. No piense, pues, quien tal haga, que recibirá cosa alguna del Señor. El hombre de doble ánimo es inconstante en todos sus caminos.
> —SANTIAGO 1:6–8

El temor: la batalla para tu mente

Cuando estamos confundidos somos inestables. La inestabilidad causa que la persona dude y vacile—no tan solo en un área sino en todo lo que hace. Santiago dice que si dudamos, no debiéramos pensar que recibiremos algo del Señor. Santiago hace este comentario al pedir sabiduría. O sea, cuando perdemos la cordura o la integridad de nuestra mente, perdemos la guía de Dios. La inseguridad nos inunda. No sabemos qué es lo que debemos esperar de Dios, así que tomamos el asunto en nuestras propias manos.

El temor se burla, *¿Qué sucederá si te sueltas? ¿Quién cuidará de ti?* El temor tiene tormento (1 Juan 4:18) porque nos lleva a cuestionar, *¿Qué me sucederá?* Tal cuestionamiento distrae tu atención de Dios y la vuelve hacia nosotros mismos. El temor nos alienta a salvaguardar nuestro bienestar. Quiero que nos preservemos.

La *auto*-preservación requiere que seamos auto-céntricos, auto-gobernados y auto-determinados. Estos atributos se oponen directamente a las directivas de Dios para nuestras vidas y así quita la protección de Dios. El enemigo quiere que sirvamos en el reino del yo. En este reino, el yo reina; por lo tanto, el yo es Dios.

Cómo contra-atacar

AHORA QUE HEMOS VISTO cómo el temor ataca en los terrenos del poder, amor y cordura de mente, miraremos a cómo podemos batallar en contra de las fortalezas del temor.

El autor Francis Frangipane describe a la fortaleza de nuestra mente como una "casa de pensamientos." Las fortalezas del temor a menudo se construyen sobre las mentiras del enemigo y de los restos de heridas y abusos pasados. Estos remanentes de las ofensas se juntan y se usan para construir paredes para protegernos de quienes tenemos temor que nos hieran. El temor, en lugar de la fe, establece los patrones de pensamientos por los cuales se procesa toda la información. Cada pensamiento es conformado a la imagen de temor e incredulidad. Nuestro razonamiento es distorsionado, y la cordura de nuestra mente es asediada. Esto explica que al decirle algo a una persona atormentada por el temor que la persona oirá algo totalmente diferente. Se escuchan las palabras, pero el significado está distorsionado. Por eso Dios dice, "De oído oiréis, y no entenderéis" (Hechos 28:26). Ellos oyeron, pero a causa de la incredulidad no pudieron percibir ni comprender lo que habían oído.

> Porque las armas de nuestra milicia no son carnales, sino poderosas en Dios para la destrucción de fortalezas, derribando argumentos y toda altivez que se levanta contra el conocimiento de Dios, y llevando cautivo todo pensamiento a la obediencia a Cristo.
>
> —2 CORINTIOS 10:4–5

Dios quiere que estas fortalezas sean demolidas. Notemos que estos argumentos y pretensiones se levantan en contra y en oposición al conocimiento de Dios. Recuerda, la batalla está en nuestra mente. El enemigo quiere colocar al yo en oposición al conocimiento de Dios. Para combatir esto, Dios quiere que cada pensamiento que lucha en contra de nuestras mentes sea llevado cautivo y conformado a la imagen de Cristo (2 Cor. 10:5). Esto significa que debemos capturar los mensajes de temor e incredulidad y sujetarlos a la verdad de la Palabra de Dios. Jesús es el Verbo hecho carne, de modo tal que si sujetamos nuestros pensamientos a la Palabra, los sujetamos a Cristo (Juan 1:1–3, 14).

No debemos llevar a nuestros pensamientos cautivos a la ley; la Biblia dice que debemos llevarlos en obediencia a Cristo. La ley no tiene poder para destruir las fortalezas. De hecho, la ley colabora para que se construyan.

> Y yo sin la ley vivía en un tiempo; pero venido el mandamiento, el pecado revivió y yo morí. Y hallé que el mismo mandamiento que era para vida, a mí me resultó para muerte; porque el pecado, tomando ocasión por el mandamiento, me engañó, y por él me mató.
>
> —ROMANOS 7:9–11

> Porque lo que era imposible para la ley, por cuando era débil por la carne, Dios, enviando a su Hijo en semejanza de carne de pecado y a causa del pecado, condenó al pecado en la carne...Pues no habéis recibido el espíritu de esclavitud para estar otra vez en temor, sino que habéis recibido el espíritu de adopción, por el cual clamamos; ¡Abba, Padre!
>
> —ROMANOS 8:3, 15

Morimos al gobierno de la ley del pecado y muerte cuando fuimos crucificados con Cristo. En ese momento, recibimos la gracia de ser hechos hijos de Dios. En lugar de que el yo nos gobernara, Cristo fue hecho rey. Por lo tanto, estamos sujetos a Él.

Bajo la ley fuimos creados a la imagen de nuestro padre natural, Adán. Pero en la nueva y viviente ley de la vida en Cristo Jesús, recibimos la gracia de ser hijos de nuestro Padre Dios.

Renueva tu mente

A CAUSA DE QUE estamos bajo un ataque agresivo de nuestro enemigo, también debemos ser agresivos en la protección de nuestras mentes. Debemos guardarlas diligentemente. Esto se realiza al renovar nuestras mentes por medio de la Palabra de Dios.

> No os conforméis a este siglo, sino transformaos por medio de la renovación de vuestro entendimiento, para que comprobéis cuál sea la buena voluntad de Dios, agradable y perfecta.
> —ROMANOS 12:2

El temor siempre está echando dudas sobre nosotros respecto al conocimiento de la voluntad de Dios, pero podemos conocer la voluntad de Dios a través de la transformación de nuestras mentes. Si somos capaces de conocer Su voluntad, buena, agradable y perfecta, entonces no tendremos temor de sujetarnos a ella.

> Porque el ocuparse de la carne es muerte, pero el ocuparse del Espíritu es vida y paz.
> —ROMANOS 8:6

Dios quiere que nuestras mentes sean controladas por Su Espíritu, no por el espíritu de temor. El temor nos mantendrá en un estado de inquietud y confusión constantes. El temor no quiere que experimentemos paz. Notemos que las mentes pecaminosas e incrédulas llevan a la muerte, mientras que el Espíritu de

Dios nos lleva por la senda de vida y paz.

> Tu guardarás en completa paz a aquel cuyo pensamiento en ti persevera; porque en ti ha confiado.
>
> —Isaías 26:3

Dios hará esto porque confiamos en Él y elegimos creer lo que Él quiso decir. Experimentamos paz cuando elegimos Su fidelidad por sobre el temor. Renovando nuestras mentes es más que un mero conocimiento de las Escrituras. Es confiar en Su bondad y fidelidad aun cuando no comprendemos cómo Su Palabra será realizada en nuestras vidas. Al creer en lo que no vemos ni entendemos, mezclamos Su Palabra con fe. Esta es la única manera en que la Palabra de Dios se hará realidad en nosotros.

> Porque también a nosotros se nos ha anunciado la buena nueva como a ellos; pero no les aprovechó el oír la palabra, por no ir acompañada de fe en los que la oyeron.
>
> —Hebreos 4:2

El conocimiento del evangelio no tenía valor para los hijos de Israel mientras deambulaban por el desierto, aunque estaban acompañados de día y de noche con Su presencia, una nube de día y una columna de fuego de noche. Se nos advierte que lo mismo nos puede suceder si no tenemos cuidado.

Para heredar la promesa de la vida eterna de Dios, Jesús dio la siguiente instrucción:

> Amarás al Señor tu Dios con todo tu corazón, y con toda tu alma, y con toda tu mente.
>
> —Mateo 22:37

¡FUERA DE CONTROL Y DISFRUTÁNDOLO!

En los próximos tres capítulos expondremos algunos frutos específicos del temor—enojo, murmuración y auto-abandono. Aprenderemos a identificar la naturaleza y motivo detrás de cada fruto para que podamos eliminar su influencia en nuestras vidas.

11

Escapando el enojo

"**¡Qué puedo hacer! ¡Así es como soy!**" No sé cuántas veces he usado estas frases, pero sí sé lo que me motivaba. Estas afirmaciones las usaba en justificación de mi enojo. Mis excusas cubrían una variedad de temas:

- Soy siciliana, indígena apache, francés e inglés.
- Estoy por menstruar.
- Estoy menstruando.
- Estoy embarazada.
- Estoy en el post-parto.
- Así me criaron.
- Estoy trabajando tiempo completo y cuidando un bebé.
- Estoy atrapada en casa con niños pequeños.
- ¡Estoy bajo ataque espiritual! (Este era particularmente útil ya que me absolvía de toda responsabilidad.)

¡Fuera de control y disfrutándolo!

Y la lista continuaba. Pero la verdad era que yo tenía un problema con el enojo. En lo profundo yo lo sabía, pero no tomaba los pasos necesarios para enfrentarlos. Yo estaba segura de que podía controlar mi enojo mientras mis circunstancias y todos a mi alrededor cooperaban ¡siendo perfectos!

Pero mis circunstancias, mayormente las que involucraban a mi esposo e hijos, no estaban cooperando. No era posible que nadie fuera perfecto, pero sus fallas humana servían para aumentar y señalar las mías.

Si la tensión aumentaba y yo me encontraba bajo presión, lo que estaba debajo de mi superficie saltaba a la vista. Yo me consumía de enojo y hería a quienes amaba más.

Al principio eran explosiones ocasionales, quizás una cada tres meses. Pero se convirtió en un estilo de vida. Curiosamente, el aumento de la intensidad de mi enojo parecía ser el resultado de mis propias oraciones.

Una respuesta sorprende a la oración

En el día de Año Nuevo de 1987, yo clamé y lloré delante del Señor. Le rogué que tomara Su carbón y que limpiara mis labios. Declaré que el fuego todoconsumidor era el deseo de mi corazón. Yo había anhelado experimentar una visión o sueño, en la cual un ángel me visitaría con un carbón del trono del cielo. Pero Dios tenía en mente un proceso totalmente diferente para contestar a mi oración.

En verdad, yo oraba con mucho orgullo religioso y auto-justicia. Yo me juzgaba por mis intenciones y me excusaba por mis acciones. Pero yo juzgaba a todos los demás por sus acciones y hasta me atrevía a

Escapando el enojo

suponer que conocía sus motivos. Yo era pura a mis propios ojos y crítica de todo lo demás.

Yo acababa de salir de Dallas y de todo lo que era cómodo y familiar para mí para que mi esposo fuera pastor. Yo me sentaba pomposamente en la primera hilera en la iglesia, asintiendo con mi cabeza. A mi propio criterio, lo estábamos logrando. Yo razonaba que Dios me había dado esta posición como esposa de pastor porque Su aprobación estaba en mi vida. Él estaba conforme conmigo como era. Yo dudaba que hubiera mucho más que Dios pudiera encontrar en mi vida por cambiar. Yo oraba, no por mi quebranto, sino en mi orgullo.

Yo estaba tristemente equivocada. Yo estaba equivocada al creer que la posición o la promoción eran señales de la aprobación de Dios en mi vida. Estaba equivocada al pensar que había poco para cambiar en mi vida. Equivocada al pensar que mis pequeños sacrificios me habían ganado el favor y la justicia.

Al mes de orar esta oración, me encontré más enojada que antes. Por ninguna razón, me despertaba a la mañana con todas las señales de un volcán interior. Todo lo que podía sentir eran los murmullos. A menudo le advertía a mi marido, "Mas te vale que no me presiones hoy." John respondía desafiando a mi anuncio, al atreverse a preguntar qué era lo que me molestaba. Esto me frustraba aun más porque yo no estaba segura por qué despertaba al filo de mis emociones. Fue así que terminaba echando la culpa a algo nebuloso o algo demasiado ambiguo como para resolver o tratar. John se daba cuenta que hablar conmigo sería una pérdida de tiempo, así que me esquivaba durante el día.

Luego mi día proseguiría, lleno de las interrupciones y frustraciones normales. Pero aun los días

¡Fuera de control y disfrutándolo!

normales se hacían insoportables. Yo cerraba a golpes las alacenas y puertas, resoplando por la casa como una máquina de vapor. Yo echaba una mirada de advertencia a quien se atreviera a contradecirme en lo más mínimo.

Algo que John hacía o decía inevitablemente me hacía saltar, y yo me soltaba en una explosión de enojo. Yo decía toda clase de cosas feas a mi esposo, cosas que luego lamentaba. Yo razonaba que ya le había advertido que me dejara sola. No era mi culpa: le había avisado con anticipación. Yo creía que estaba bajo un ataque demoníaco de un espíritu de enojo y por lo tanto no era responsable de mis acciones.

Una sábado en particular me desperté con otro murmullo de enojo, y mientras la mañana avanzaba, las cosas fueron de mal en peor. Resoplaba por toda la casa y verbalmente eché en cara a John la mayoría de mis penurias. Finalmente mi explosión se fue aquietando cuando estaba en el lavadero terminando de vaciar el secarropas. John me escuchó cerrar la puerta del secarropas con violencia, y corrió a mí y me encontró frente al canasto de ropa. Para mi sorpresa, me alzó suavemente, me llevó afuera al garaje, y me encerró fuera de la casa.

De adentro de la casa me informó, "¡No vas a dañar nada en esta casa con tus arrebatos!"

La puerta al garaje estaba abierta, y yo no estaba en ningún peligro, pero yo estaba furiosa que John me había encerrado allí como un gato o un perro. Exigí que me abriera la puerta a la casa.

—¡No!—me dijo John.

—Iré a los vecinos—yo amenacé.

—Vete—me dijo John.

Yo estaba más frustrada y decidí que tenía que romper algo para sentirme mejor. Tomé un martillo y comencé mi búsqueda. Quería asegurarme que no rompiera nada que lamentaría después cuando acabara mi enojo. Recientemente nos habíamos mudado, y el garaje estaba lleno de cajas. Luego de buscar casi quince minutos, encontré a mi víctima en una esquina—una parrilla para asar carne. Alzando mi martillo, lo golpeé fuertemente.

Mientras me retiré para observar mi daño, escuché estas palabras en mi espíritu, "Esto no es un espíritu de enojo. Estás en pleno control de ti misma."

Sacudí este comentario de mis pensamientos, golpeé la puerta y le dije a John: "Ya terminé mi pataleta. ¿Me podrías dejar entrar?"

Me dejó entrar, y orgullosamente le mostré la abolladura que le había hecho a su parrilla. Por supuesto, John ni siquiera estaba impresionado con mi fuerza ni mi arrebato.

Nadie más a quien culpar

Continué manteniendo mi enojo bajo control, sin permitir que me avergonzara en público. Reservaba mi enojo para dentro del hogar.

Yo me había criado en una casa donde no se atacaban a los problemas; se atacaban a las personas. Se buscaba a quien culpar para poder escapar la responsabilidad. Como niña, yo era la que sufría la mayor parte del abuso físico y emocional, y culpa. Ahora yo estaba agrediendo verbalmente a John cuando me sentía indefensa o enojada.

Sin embargo, había prometido nunca tratar a mis hijos con el enojo y el abuso que yo había sufrido. Mi madre no había sido una cristiana cuando me crió. Desde que yo me había hecho cristiana, creía que mi

¡FUERA DE CONTROL Y DISFRUTÁNDOLO!

conversión prevendría que tal abuso ocurriera nuevamente en mi propia familia.

A pesar de esto, había un problema con este razonamiento: yo no había aun perdonado a mi madre por la manera en que me había tratado. No era porque me había olvidado de hacerlo; yo tenía miedo de perdonarla. Yo pensaba que si la soltaba ella tendría la libertad de herirme de nuevo.

Me encontré bajo tal presión como jamás había experimentado antes. Mi segundo hijo acababa de nacer. Mi hijo mayor tenía dos años y repentinamente estaba poco cooperativo para dormir su siesta. Esta batalla de la siesta se había estado librando por varias semanas. Cuando mi recién nacido estaba durmiendo, trataba de poner a dormir al de dos años en un intento desesperado de hacer algunas tareas domésticas. Cada vez que dejaba su dormitorio y bajaba las escaleras, él saltaba de su cama y me seguía, discutiendo que no necesitaba tomar una siesta. Subíamos y bajábamos las escaleras entre nuestras discusiones. Finalmente terminaba durmiendo una siesta de dos horas. Pero en cuanto se dormía, el recién nacido despertaba.

Un día después de tal lucha exploté. Agarré a mi hijo de dos años y subí al dormitorio en un arrebato de furia. Me dije a mi misma, *¡Debo hacerle ver que no se va a bajar otra vez de la cama!* Él pateaba, luchaba y se revolcaba. Le dije, *Voy a arrojarlo contra la pared. ¡Esto le enseñará a que no se baje de su cama!* Yo levanté al nivel de mi vista, y estaba por estamparlo a la pared cuando vi el temor en sus ojos.

En algún momento él se debió dar cuenta que yo había cruzado una barrera de enojo que jamás había visto. El terror en sus ojos me recordó de mi propio terror como niña. Fue como si en un momento todos

Escapando el enojo

mis temores infantiles estaban enmascarados en su dulce rostro. Esto me frenó. Lo deposité cuidadosamente sobre la cama y me retiré en silencio de su habitación. Le repetía, "Mamá está arrepentida de haberte asustado." Cerré la puerta y corrí abajo.

Me arrojé sobre el suelo de la sala de estar y lloré hasta agotar mis fuerzas. En ese momento me di cuenta que el problema no tenía que ver ni con mi madre, mi marido, mis hijos, las presiones, mi crianza, mi trasfondo étnico ni hormonas—era tan solo yo. Estas cosas eran presiones, pero yo sola era responsable de mis reacciones frente a estas cosas.

Lloré porque en este momento dudé que podría ser liberada del enojo. Había sido una parte de mí por tanto tiempo que ya lo estaba excusando como una debilidad o falla de personalidad. Ahora me encontré cara a cara con el enojo. Ya no estaba envuelto en excusas. Vi al enojo por lo que era—una fuerza destructiva en mi voluntad que yo había permitido que me controlara.

Yo estaba sola en ese momento; no había nadie a quien culpar. Por la primera vez sentí la horrible carga del enojo sobre mis hombros. Fue como si todas las escenas de palabras y acciones hirientes pasaran delante de mí, escenas en las cuales yo pensé que me había justificado. Ahora al volverlas a recordar en mi mente me horroricé ante mis reacciones.

Recordé el incidente de la parrilla y pensé, *Yo no puedo ir al altar pidiendo oración para echar esto afuera. No es un espíritu.*

Quebrantada, clamé pidiendo ayuda, "Dios, no quiero continuar así. Ya no me seguiré justificando ni echándole la culpa a otro. Perdóname, Señor." En ese momento sentí que Él levantaba el peso de mi culpa y pecado de mis hombros. Volví a llorar, pero esta vez de alivio.

¡FUERA DE CONTROL Y DISFRUTÁNDOLO!

Cuando me humillé, renunciando al enojo y reconociéndolo por lo que era, Dios me perdonó y me dio la fuerza para vencerlo.

COMPRAS LO QUE JUSTIFICAS

> Y manifiestas son las obras de la carne, que son: adulterio, fornicación, inmundicia, lascivia, idolatría, hechicerías, enemistades, pleitos, celos, *iras*, contiendas, disensiones, herejías, envidias, homicidios, borracheras, orgías, y cosas semejantes a estas.
>
> —GÁLATAS 5:19–21, ÉNFASIS AGREGADO

Yo había comprado una mentira. Esta escritura cita claramente que la ira es un producto de nuestra naturaleza terrenal y carnal. Esto no se llama un espíritu ni tendencias hereditarias ni debilidad. En Gálatas Pablo no excusa estas cosas. De hecho, continúa diciendo:

> Los que practican tales cosas no heredarán el reino de Dios.
>
> —v. 21

Al usar la palabra práctica, Pablo indica que nuestras acciones se convierten en hábitos. Hemos pecado de la misma manera tantas veces que ya se ha hecho habitual. No seamos rápidos para excusar la carne. Dios no nos dice que la excusemos sino que la crucifiquemos.

> Pero los que son de Cristo han crucificado la carne con sus pasiones y deseos.
>
> —GÁLATAS 5:24

Escapando el enojo

Guardas aquello que justificas. Mientras justifiquemos o excusemos seguiremos cautivos. Al echar la culpa a mi pasado estaba excusando a mi presente. Pensé que las heridas del pasado me daban el derecho de comportarme así en el presente. Al echar la culpa a otros me sentía absuelta de responsabilidad. Pero, ¿qué del dolor que pasó Jesús? ¿No fue suficiente para comprar mi libertad? Cuando nos negamos a asumir responsabilidad, renunciamos a nuestra habilidad de cambiar. *Responsabilidad* quiere decir "la habilidad de responder". Es nuestra habilidad de responder la que determina nuestra futura libertad o falta de libertad. Cuando nos humillamos, admitimos nuestra iniquidad y renunciamos a ella, escapamos de su lazo.

Perdona y olvida

DESPUÉS DE TERMINAR DE llorar, Dios me dio instrucciones de llamar a mi madre y pedirle perdón por todos los años que yo había retenido el perdón a ella. Un incidente era particularmente doloroso, y yo lo había encerrado en mi corazón como motivo de falta de perdón. También me sentí guiada por el Espíritu al mencionar este incidente a mi madre como una de las cosas incluidas en mi perdón.

En obediencia la llamé. En medio de mis lágrimas confesé mi falta de perdón en humildad, incluyendo este incidente. Luego le aseguré a mi madre de mi amor por ella.

Ella comenzó a llorar. "Lisa, perdóname por eso," me dijo. "No sabes cuánto me ha pesado el recuerdo del incidente." Mi confesión nos soltó a las dos. Mi madre es una mujer maravillosa y yo había permitido que una brecha existiera entre nosotras todos estos

¡Fuera de control y disfrutándolo!

años. Al orar juntas, el poder del perdón quebró la maldición sobre la nueva generación.

Si eres libre, no lo escondas

No hay razón para cubrir o esconder algo de la cual has sido liberado. Yo estaba feliz de haber sido librada del enojo. Era maravilloso no tener que aparentar para esconderlo. Yo estaba feliz de haber pasado esta etapa. En ese momento no tenía la remota idea de que las luchas personas y privadas que había escondido serían una parte integral de mi testimonio público.

Un día mientras me preparaba para dar una charla a un desayuno de mujeres en Pennsylvania, le pregunté al Señor, "¿Qué es lo que Tú quieres que yo comparta hoy?" Yo presenté varias opciones con las cuales estaba cómoda, y esperé que me guiara.

Él me sorprendió. "Quiero que te levantes y le digas a estas mujeres que eres un desorden."

Yo estaba horrorizada. "Señor, si digo esto, no me escucharán. ¡Ellas no querrán escuchar a una persona en desorden!"

"Tantas de ellas están atadas," me contestó, "yo quiero que seas abierta y vulnerable con ellas. Luego ellas bajarán sus barreras y yo las podré ayudar."

Seguramente estoy oyendo mal, pensé. Así que nuevamente le pregunté a Dios, "¿De qué quieres que ministre?"

Él no me contestó.

Cuando llegué al desayuno, las mujeres me miraron de pies a cabeza para medir mi valor y habilidad de hablar. Yo podía notar que estaban evaluando mi edad y mi apariencia. Yo estuve muy callada durante el desayuno. Esperé oír nuevas directivas de Dios, pero Él permaneció en silencio.

Escapando el enojo

Cuando llegó el tiempo de presentarme, la esposa del pastor me introdujo en términos tan grandiosos que pensé que estaría presentando a otra persona. Yo pensé, *Si digo lo que Dios indicó, ella creerá que soy sarcástica*. Así que decidí echarle la culpa a Dios. Tomé el micrófono y hablé a las mujeres. "Dios me dijo que les dijera que soy un desorden." Ellas no sabían qué hacer. Ellas estaban listas para que yo las impresionara, y ahora estaban desarmadas. Algunas rieron; otros miraron con sus bocas abiertas. Compartí cómo Dios me había librado del enojo y expuso mi orgullo. Ellas comenzaron a relajarse. Al darse cuenta de que yo no las dañaría ni intimidaría, ellas abrieron sus corazones. Después del mensaje, durante el tiempo de ministerio, el poder de Dios y la palabra de conocimiento fluyeron libremente y sin impedimentos. Al terminar la reunión, fui rodeada de mujeres que lloraban y confesaban sus propias ataduras. Se sentían seguras de hacerlo conmigo porque yo había sido abierta con ellas.

Confesaos vuestras ofensas unos a otros, y orad unos por otros, para que seáis sanados. La oración eficaz del justo puede mucho.
—Santiago 5:16

Esto sucedió hace más de seis años, y todavía me sorprende la cantidad de mujeres que responden cuando yo simplemente me abro y soy vulnerable y genuina con ellas. Jesús siempre era real a la gente a quien Él ministraba.

Hay poder en la verdad y confesión. Es importante que demos testimonio honesto al poder de Dios que ha cambiado nuestras vidas. Al hacerlo así estamos dando a otro el ánimo y la esperanza a la cual arraigar su fe. Es una oportunidad para que ellos sean valientes y se atrevan a creer que Dios hará lo mismo por ellos.

> El que encubre sus pecados no prosperará; mas el que los confiesa y se aparta alcanzará misericordia.
>
> —PROVERBIOS 28:13

Cuando somos honestos, reconocemos Su misericordia y gracia. Ser abiertos rompe la atadura de la vergüenza en tu vida.

Yo te desafío a enfrentar tu enojo sin temor. Quizás lo encuentras escondido entre las sombras de las excusas. Quizás lo hayas excusado por tu pasado, tus padres, raza o medio ambiente, pero a menos que tomes responsabilidad por tus propias acciones permanecerás una víctima. Serás víctima de las fuerzas destructivas que tu enojo arroja contra tu vida y la de tus seres queridos.

Dios quiere sacarte de las sombras a la luz de Su libertad. Deja que estas preguntas penetren tu alma:

- ¿Dices que los demás te hacen enojar?
- ¿Justificas tu enojo al culpar las circunstancias o presiones a tu alrededor?
- ¿Atacas a las personas más cercanas?
- ¿Tienes miedo de aceptar responsabilidad por tus acciones?
- ¿Has aceptado al enojo como una manera de vida?

Al contestar con honestidad estas preguntas, podrás evaluar con exactitud tu posición—y simpatía—hacia el enojo. Si has contestado que sí a algunas de estas

Escapando el enojo

preguntas, creo que te has visto en este capítulo. Si estás lista para arrepentirte y soltar tu enojo, la gracia de Dios está disponible ahora mismo.

De lo profundo de tu corazón ora esta oración:
Padre Dios,
Vengo delante de Ti en quebranto y humildad. Ya no me queda nadie a quien echar la culpa. No traigo ninguna excusa. Acepto la plena responsabilidad por el enojo en mi vida. Lo pongo a Tus pies y me humillo bajo Tu mano poderosa de misericordia y gracia. Recibo el poder de Dios impartido en mi vida. Elijo vivir libre del enojo. En el nombre de Jesús, amén.

12

Los chismes: más que meras palabras

Como miembro de una fraternidad en la universidad, descubrí el peligro de volver a entrar a la habitación que acababa de dejar. Nueve de cada diez veces cuando regresaba, encontraba que mis hermanas de fraternidad estaban comentando mis vicios y virtudes. Siempre trataba de recordar todo lo que necesitaba antes de irme de la habitación. Si la necesidad obligaba mi regreso, trataba de hacer ruido en el pasillo antes de abrir la puerta.

Siempre resultaba doloroso y vergonzoso escuchar que los susurros y las risas repentinamente cesaban cuando yo regresaba a la habitación buscando aquella toalla o cepillo de dientes que había olvidado. Observaba sus rostro y sabía que—en parte por mi descompostura de estómago—que acababan de hacer un menú de algún chisme jugoso.

Esto era de esperarse. En mi fraternidad pocas mujeres afirmaban ser creyentes. ¡Yo proclamaba con audacia que era una pagana comprometida a perseguir el placer y la protección de mi yo! Yo buscaba placer momentáneo y protección del futuro dolor. Yo tampoco podía eximirme de los chismes. Los miraba más bien como una auto-defensa. Es decir, chismes de mujeres, ¿verdad?

Luego, durante el verano entre mi tercer y cuarto año universitario, para la sorpresa y total incredulidad de quienes me rodeaban, esta pagana se hizo creyente. Otro estudiante universitario me guió en la oración de arrepentimiento, y yo acepté a Jesús como mi Señor y Salvador. (Ese joven sería luego mi esposo). Fui salvada gloriosamente, librada del alcohol, e instantáneamente sanada de una severa intolerancia lactosa. (Este desorden hereditario causó que fuera hospitalizada dos meses antes debido a una severa reacción a un producto lácteo. Después de orar una simple oración, pude comer pizzas, malteadas y todas las otras cosas que habían causado severo dolor durante mis años juveniles). Fue entonces que comprendí por qué mi estilo de vida tan superficial y egocéntrico me dejaba un sentimiento de vacío.

Cuando regresé a mis estudios descubrí que mi medio ambiente era poco compatible con mi fe recientemente descubierta. Sentí que Dios me estaba guiando a mudarme a Dallas. John, el joven que había compartido a Cristo conmigo, estaba allí, y me entusiasmaba congregarme en una iglesia y ser recibida por mis nuevas y verdaderas hermanas.

CONVERSACIÓN DE HERMANAS

¡AHORA TODO SERÁ DIFERENTE! pensé. *Las mujeres en la iglesia son cristianas.* Imaginé a amigos cristianos sonrientes dándome la bienvenida con brazos abiertos y a mujeres mayores que me discipularían.

¡Qué desilusión me esperaba! No estaban contentas

¡Fuera de control y disfrutándolo!

ni en lo mínimo de recibirme. Yo no fui recibida. Al contrario, me veían como una amenaza competitiva dada la baja población de solteros cristianos disponibles.

El primer domingo sentí su desaprobación mientras me medían a lo lejos, estudiando mi apariencia y comportamiento. Ellos se mantenían correctamente a distancia cuando me presentaban, y luego volvían la conversación a temas o personas que yo desconocía. Por la primera vez desde mi conversión, me sentí extrañamente incómoda.

Juzgando por las miradas que recibía, pensé que estaban dudando de la seriedad de mi conversión. Yo había sido salva unos pocos meses y todavía no había logrado "santificar" mi vestimenta. Yo tenía la ropa de una joven mundana. Yo no tenía dinero para comprar ropas nuevas, así que intenté convencerlos de que, a pesar de mi apariencia, yo era sincera y mis intenciones eran honorables. Los varones eran amistosos, pero las jóvenes permanecieron distantes y desconfiadas.

Bueno, pensé. *Quizás Dios no quiere que yo tenga amigas mujeres.*

John me había declarado su amor hacía unos meses antes de llegar a Dallas, pero yo no estaba lista para estar comprometida. Toda mi vida me había medido por la persona con quien salía o por la posición social de mi familia. Ahora quería llegar a conocer a mi Padre Dios. Yo sabía que Dios me había llamado a casarme con John, pero yo había decidido no tener citas con él. Continué mis estudios, trabajaba y me congregaba. Yo me aseguraba de llegar tarde, sentarme sola, y retirarme temprano. Mi razonamiento era que debía dar la impresión de una vida plena y ocupada. Yo construí esta apariencia para esconder lo que realmente vivía.

Los chismes: más que meras palabras

La verdad es que yo me sentía extremadamente sola. Nunca había estado sola, y en esta soledad me pregunté si había sido sabio dejar mis estudios. Yo había estado idealizando las cosas. Parecía que mi fraternidad profesaba más amor, hospitalidad y compasión que lo que encontré en la iglesia. Por lo menos sabía qué esperar de ellos. Pero esta gente me confundía del todo. Yo estaba incierta por esta recepción de mis verdaderas hermanas.

Pasé horas llorando en los hombros de mi madre que ya era creyente. Al tomar la decisión de dejar la universidad y asistir una universidad cristiana, mi padre había dejado de pagarme los estudios. Yo estaba sola en un departamento de un solo ambiente, sin amigos, sin muebles ni dinero. Había pasado de ser la niña rica con sus fiestas a una persona solitaria que se mantenía con los ingresos como camarera.

Un domingo al tratar de salir desapercibida de la iglesia me encontré con un joven de mi edad. Nos reímos y hablamos por un rato, y unas semanas después salimos juntos a comer. A la hora de estar comiendo, exclamó, "¡No eres tan desagradable como dicen!"

Yo estaba atónita. Estaba segura que la razón por la que me habían ignorado era porque mi presencia no era notada. "¿Quién dice que soy desagradable?" pregunté.

"Bueno, tú sabes," tartamudeó, "todas las otras jóvenes y mi tía."

¡Mi sorpresa se transformó en horror! ¡Todas las otras jóvenes y su tía! Ella era una de las mujeres de mayor influencia y eminencia en esta congregación con cinco mil miembros.

Parecía que las mujeres habían decidido que yo era altiva. Ellas también estaban evaluando la posibilidad

¡Fuera de control y disfrutándolo!

de que yo había echado un hechizo o algo parecido sobre John como para que no saliera con nadie más. Es por eso que él había dicho a todos que se casaría conmigo.

Con el corazón hecho pedazos, regresé a casa, segura de que mi deseo de obedecer a Dios y dejar mi universidad habían sido un error. Lloré hasta quedar dormida.

Deja que Dios maneje la conversación

En la reunión de la mañana siguiente mi dolor se convirtió en enojo al mirar a esta mujer tan importante subir a la plataforma a compartir algo que Dios había puesto sobre su corazón. Yo encogía mis puños al intentar permanecer tranquila hasta que ella terminara.

Apenas terminó la reunión, salí corriendo a mi automóvil. En la soledad de mis pensamientos, me consolaba diciendo, *¿Qué diría la gente si supieran lo que Doña Importante realmente es?*

Yo estaba contemplando qué hacer cuando me interrumpió la suave voz de Dios. "Lisa, si te defiendes, yo no te defenderé."

—Pero Señor, ¡no es verdad!—discutí con Dios.

—Si comienzas a defenderte ahora—me contestó—tendrás que hacerlo el resto de tu vida.

Luego Él me dio Su promesa. "Si tú no te defiendes, yo seré tu defensa."

Y sabía que mi situación era inútil. ¿Quién se daría cuenta de todos modos? Yo no conocía a nadie en Dallas salvo quienes me habían calumniado. Yo tenía veintiún años, no tenía influencia, ni amigos ni dinero.

Dios me preguntó. "Lisa, ¿sabes lo que es el chisme?"

Los chismes: más que meras palabras

Yo estaba segura que lo sabía, así que contesté: "Gente que habla irresponsablemente de otros." El Señor me dio una definición más profunda. "El chisme es dos o más personas poniéndose de acuerdo con las mentiras del diablo."

"¿Pero qué pasa si es la verdad?" le pregunté, pensando en lo que la mujer de la iglesia me había hecho. Yo solo quería decir la verdad sobre ella.

Para contestarme, el Señor me hizo ver una ilustración. "¿Qué pasaría si vieras a una mujer cristiana salir de un club nocturno en el brazo de un hombre y fuera a su casa y pasara la noche con él? ¿Qué pensarías?"

Yo le contesté lo obvio.

Él continuó.

—¿Estarías en lo correcto si repitieras lo que viste?

Yo estaba segura de que si había sido testigo presencial y mi información era correcta, entonces estaría bien repetirla.

—¿Y si ella confesara y se arrepintiera de su pecado?— Él preguntó.—¿Qué pasaría entonces? ¿Qué haría yo con su iniquidad?

Yo contesté:

—La enterrarías en el mar del olvido, así como el este está alejado del oeste (Sal. 103:12).

—Entonces, en cuanto a Mí me concierne, nunca sucedió. Si yo lo olvido, entonces tú no tendrías derecho de repetirlo, ¿verdad?

—No—contesté.—No tendría derecho.

En este incidente el Señor fue fiel en defenderme. Esta mujer llegó eventualmente a invitarme a almorzar y a disculparse. Pero antes Dios me había indicado ir a ella, humillarme y disculparme por mi aparente indiferencia (recuerda mi aparente vida ocupada). En el almuerzo ella confesó que no sabía por qué había

¡FUERA DE CONTROL Y DISFRUTÁNDOLO!

enfocado chismear de mí. Ella dijo que ahora estaba anunciando a todos lo maravillosa que yo era.

BOCADOS SUAVES

EL CHISME PUEDE SER extremadamente doloroso. Todos hemos sufrido de alguna manera u otra de las heridas de palabras descuidadas. Hemos sentido el aislamiento y rechazo que traen. Hemos visto los ojos advenedizos y hemos percibido la distancia en las palabras medidas de los demás, palabras que a menudo transmitían mensajes silenciosos. Hemos visto las espaldas de quienes nos evitan.

Quizás alguien con quien compartiste tu corazón con total franqueza y vulnerabilidad ahora te ha cerrado fuera. Te sientes como que te dejaron fuera y echaron llave, y no sabes por qué.

Todos nosotros nos podemos identificar con el dolor. Entonces, ¿por qué chismeamos contra otros?

En su gran mayoría, las mujeres son comunicadoras. Para algunas de nosotras, el hablar ¡es tan necesario como comer! Hablar es la manera cómo filtramos la información y los problemas. Es un don poder comunicar amor, preocupación, humor e información verbal. Es igualmente importante usar este don para ayudar a otros a expresar sus sentimientos y temores más profundos. Las mujeres están dotadas con la habilidad de rodear a otros con palabras cálidas y un ambiente de apoyo. Esto es saludable y necesario. Pero el chisme no es una parte saludable de esta dieta balanceada.

El chisme es el chocolate de la conversación. Lo que no tiene en contenido nutritivo lo contiene en sabor. Así como el chocolate, el chisme es sabroso, caro y emocionante por el momento—y vacío de nutrición constructiva. Después de un momento de emoción te queda el dolor de cabeza. Sabes que no debieras haber comido un pedazo más, pero, ¡qué delicioso que estuvo! El Rey Salomón describió la atracción de chismear de esta manera:

> Las palabras del chismoso son como bocados suaves, y penetran hasta las entrañas.
> —PROVERBIOS 18:8

Estas son palabras muy descriptivas. "Bocados suaves" describe algo que es delicioso e indulgente pero minúsculo. Es una pequeñez sobredimensionada —un poquito de información o conversación a la cual se le da demasiada importancia. Desgraciadamente, esta trivialidad sobredimensionada tiene el poder de penetrar en lo profundo del alma.

El diccionario define a *chisme* como "rumor, difamación, escándalo, noticias, charla, desprestigio." El hecho de chismear es "pasar información, conversar, llevar cuentos." Es interesante notar que la palabra verdad no está mencionada en ninguna definición de chisme. El chisme es desparramar acusaciones y malrepresentaciones infundadas. No tiene credibilidad ni pasa revista. Se transmite de manera secretiva y selectiva, y su verdadera agenda permanece oculta.

LOS MOTIVOS DETRÁS DE LOS MÉTODOS

ME GUSTARÍA PODER DECIR que jamás chismeé como creyente, pero sería una mentira de mi parte. Para mi propia vergüenza, descubrí que podía tener tanto mal gusto y ser igual de odiosa bajo presión ¡como cualquier otra persona! ¿Por qué? Aquí están mis razones—o excusas. Quizás te identifiques con ellas. Yo chismeaba para asegurar o defender mi persona o la de un ser querido. En otras palabras, chismeaba cuando sentía que Dios necesitaba de mi ayuda para protegerme o proteger a otros. Yo chismeaba para justificarme o defenderme cuando estaba preocupada que la otra persona no hubiera oído mi lado de la historia. Yo chismeaba cuando estaba ofendida por otros. Repetía sus fallas o fracasos porque me habían herido, pero yo no los había perdonado.

Aquí hay una razón particularmente interesante: Chismeaba para recibir a cambio la información de otro al intercambiar la mía. Es una regla aceptada que cuando tomas a alguien en tu confianza, ellos te toman en la de ellos. Este intercambio hace vulnerables a ambas partes, lo cual hace que los dos se sientan de alguna manera seguros. Si la otra persona te traiciona, tienes algo sobre la persona como para desquitarte. Este razonamiento suena tan torcido escrito sobre papel, pero sin embargo, así se practica por todos lados.

Nunca calculaba mis motivos antes de chismear. Era solo después que permitía que Dios juzgara los motivos e intentos de mi corazón que encontré todas estas excusas sórdidas aflorando bajo la superficie. Uno de estos motivos eran los celos.

El factor de los celos

Somos presa de los celos cuando erróneamente creemos que el favor de Dios hacia una persona indica Su ausencia de favor hacia nosotros. ¿Recuerdan a Caín? Su caso fue la primera historia de celos en la Biblia. Caín percibía la aceptación de Caín

Los chismes: más que meras palabras

como su propio rechazo. Desgraciadamente, aun hoy los celos afloran entre los creyentes.

Los celos engendran competencia, lo que alimenta el chisme. En este terreno el chisme no es limitado a susurros a baja voz detrás de las espaldas, sino que incluye difamación abierta o pública (o aun detrás de los púlpitos). Aquellos con poder e influencia a menudo tratarán de difamar a quienes perciben como una amenaza a su éxito. Los celos son temores feos y consumidores. Hay quienes maldicen a sus hermanos por celos, y es importante estar preparados a responder bendiciéndoles.

La codicia, desear lo que Dios ha dado a otro, es un hijo de los celos. Nunca me había visto como una persona codiciosa hasta ver que Dios bendecía a otra persona con algo que yo necesitaba.

Al principio, cuando comenzamos a viajar, cruzamos los Estados Unidos con nuestros tres hijos pequeños dentro de un automóvil pequeño. Cada noche como familia nos tomábamos las manos para orar. Por fe, dábamos gracias a Dios por nuestro nuevo automóvil de familia.

En el curso de nuestros viajes visitamos una iglesia donde un matrimonio acababa de recibir una van (furgoneta) como regalo. Aunque me alegraba por ellos, ¡no me alegraba por mí! ¡Yo necesitaba una van! El matrimonio que había recibido la van asistía a la iglesia donde ministrábamos. Ellos tenían menos niños y ni siquiera tenían que viajar. Dios les había dado un automóvil de familia. Ellos estaban tan entusiasmados al compartir cómo Dios los había bendecido. Ellos hasta habían admitido que ni siquiera lo necesitaban.

Yo pensé que seguramente había ocurrido un error. Seguro que quien se los dio tendría que habérmela dado a mí. Yo sabía que mi reacción estaba equivocada,

¡FUERA DE CONTROL Y DISFRUTÁNDOLO!

pero pensé, *¡No es justo!* Desanimada, me quejé a Dios al respecto. Mi necesidad era mayor, ¿Por qué darles la van a ellos? Él contestó, "Lisa, estás molesta porque ves esa bendición como que ahora tendré menos para darte a ti. La bendición no viene de tu cuenta sino de la mía. Yo no tengo límites."

Claro que Dios tenía razón. Yo percibía la bendición a los demás como un rechazo a mi propia necesidad. En lugar de regocijarme con ellos había permitido que los celos enfocaran en mi propio problema.

Imaginaba a la provisión de Dios como un gran depósito con una furgoneta menos. Yo razonaba que la bendición hacia ellos había disminuido la habilidad de Dios de suplir mi necesidad. ¡Ellos habían invertido mis posibilidades de ganar!

Somos tentados a chismear cuando percibimos la provisión, favor o posición de otro como una disminución de la habilidad de Dios de bendecirnos, protegernos o proveer.

ATRAYENDO A OTROS

LOS CELOS SE MANIFIESTAN aun en las amistades. Quizás Dios nos ha bendecido con un amigo, pero no estamos confiados en la seguridad de esta amistad. A causa de esto, nos tienta menoscabar cualquier persona o cosa que percibamos como una amenaza a esta relación. Embarramos a otros para lograr la alianza de nuestro amigo. Amistades basadas en fundamentos tales no durarán mucho tiempo, ya que nos ponemos posesivos y celosos. Nos ofenderemos por el mismo amigo que tratamos de retener porque percibimos cualquier atención que nuestro amigo da a otro como deslealtad para uno mismo.

Los chismes: más que meras palabras

Es imperativo, especialmente en estos tiempos, que permitamos que Dios establezca nuestra amistad basada en Su verdad y en Sus principios. Hagamos de Dios nuestro mejor amigo.

> El que ama la limpieza de corazón, por la gracia de sus labios tendrá la amistad del rey.
> —Proverbios 22:11

Deja que el Rey elija tus amistades. Debemos desear corazones puros por sobre la necesidad de tener amistades. Parte de la purificación de nuestros corazones es refinar nuestra manera de hablar. Nuestras palabras debieran ser llenas de gracia. La gracia se ha descrito de dos maneras diferentes:

- La habilidad de hacer lo que la verdad demanda.
- Favor inmerecido.

Estas dos descripciones son aplicables a la amistad. Para hablar con gracia requiere honrar o cubrir aquellos que a nuestra opinión no lo merecen. Pero, ¿no es lo que Dios hace por nosotros? Él nos cubre con Su sangre y nos honra con Su nombre. De igual manera, debemos cubrir y honrar a quienes nos rodean aunque creamos o no que lo merezcan. Dios elegirá *Sus* amigos para nosotros y por lo tanto Él desea que los tratemos del modo en que Él los trataría. Entonces Dios nos confiará amigos verdaderos porque sabe que nosotros seremos fieles.

¡Fuera de control y disfrutándolo!

Cuidado con lo que escuchas

Hasta ahora hemos tratado el tema del chisme respecto a lo que uno habla, pero el chisme no se limita a lo que es hablado. A menudo el chisme más destructivo y difícil no viene por lo que hayas dicho sino sacudirte de aquello que has oído.

> El malo está atento al labio inicuo; y el mentiroso escucha la lengua detractora (maliciosa).
> —Proverbios 17:4

La Biblia dice que es malo aun oír a los labios inicuos. Quizás has escuchado a otro y pensaste que estabas en lo correcto porque no habías dado la razón a lo que habías escuchado. Solo querías que la persona pudiera ventilar sus penas a alguien confiable. Bueno, ¡no es apropiado para ellos, y ciertamente no es apropiado para ti!

Al escuchar, tu propia alma se estaba contaminando con lo que escuchabas. Sin saberlo, ahora observas buscando los atributos tratados o fallas de carácter de la persona acusada. Sorprendentemente, tus ojos fueron abiertos, y puedes ver claramente lo que había estado escondido. Ahora piensas que eres una persona de mayor discernimiento. No, no lo eres. Es simplemente porque ahora eres más desconfiada.

Repentinamente, cuando escuchas nombrar a aquel individuo, tu mente recuerda las acusaciones y quejas que oíste anteriormente. Pronto estás luchando con tus propios pensamientos críticos hacia la persona. Te tienta juzgar sus motivos y acciones.

Esto es particularmente peligroso con líderes y cónyuges.

Escuchar a los chismes acerca de los líderes

Los chismes: más que meras palabras

menoscaba a quienes Dios ha puesto sobre nosotros (jefes, padres, maestros o ministros). Llegamos a ser desconfiados de aquellos mismos que Dios puso en nuestras vidas para guiar, proveer, capacitarnos o ministrarnos.

El chisme que oímos es peligroso para nuestros matrimonio porque nos corta la intimidad. No tenemos la libertad de entregarnos a nuestro cónyuge porque tenemos miedo que nos hiera. Es importante que cuando alguien se acerca a ti con una queja acerca de tu cónyuge que le hagas entender a esta persona que tú y tu cónyuge son uno.

En los primeros días del ministerio algunas mujeres me llevaban a almorzar. Una comenzó diciéndome cuánto me quería, pero pensaba que mi marido era muy extremo en su forma de ser. Ella citó sus razones y comenzó a criticar a John.

Le interrumpí, diciendo, "Perdóname si te he dado la impresión de no estar de acuerdo con John respecto a este tema. Estoy de acuerdo con mi marido, y al hablar en contra de él estás hablando en contra de mí. Por lo tanto, puedes dirigir tu queja directamente a mí".

Ella paró su crítica inmediatamente. Ella había estado más interesada en criticar que en resolver el problema.

Ten cuidado. No permitas que nadie, ni los miembros de tu familia, critique tu cónyuge y menoscabe tu unidad. Discierne si están tratando de ser constructivos o destructivos. A menudo no se dan cuenta del efecto dañino de sus palabras. Piensan que al señalar un problema están dándote soluciones. Corrígelos con suavidad.

¡Fuera de control y disfrutándolo!

¿Qué debemos hacer?

Te he dado una muestra de algunas de las trampas de los chismes. Yo he sido honesta contigo para que a la vez tú seas honesta contigo misma. Cada vez que yo chismeaba me sentía triste y prometía no hacerlo más. Esto era una fuente de constante frustración para mí. Yo sabía en mi corazón que no lo quería hacer, pero parecía imposible dejar de hacerlo. Me arrepentía en un momento y me enredaba en el siguiente. Llegó al punto tal que le pedí a Dios que me aislara hasta poder superar esta conducta arraigada en mi vida.

¿Por qué se había arraigado en mi vida y por qué era tan difícil de vencer? Imaginen un huerto al fondo de su casa con una hilera de árboles frutales. Una hilera de árboles consistentemente produce fruto malo. La fruta de estos árboles está infectada con insectos y gusanos. No quieres que la pestilencia de esta fruta se extienda a los otros árboles buenos. Todas las semanas recoges la fruta mala de esta hilera para poderla quemar. Pero apenas has terminado con el último árbol de la hilera notas que la fruta mala ha vuelto a aparecer en el primer árbol. Frustrada, comienzas el proceso nuevamente.

Para realizar esto debes descuidar la atención de tus buenos árboles y su cosecha de fruta. Los buenos árboles están llenos de buena fruta, pero tú estás demasiado ocupaba al sacar la fruta mala para cosechar la buena.

Para eliminar el fruto del chisme debes destruir el árbol. Es inútil y frustrante perder el tiempo destruyendo la fruta. Necesitas llevar un hacha a la raíz que está nutriendo el árbol y alimentando la fruta. Estas raíces están absorbiendo algo que está destruyendo tu fruta.

Los chismes: más que meras palabras

El chisme está arraigado en la incredulidad y alimentado por el temor. Sabemos ya que el temor es un espíritu y que la incredulidad es una condición del corazón. Entonces podríamos ciertamente llamar al chisme a un estado del corazón.

Caemos presa del chisme cuando tenemos miedo de confiar en Dios para sostener la verdad. No importa cuán complejo o especial sea nuestra situación, si somos honestos, encontraremos al temor y a la incredulidad como la raíz del problema.

No nos perdonamos porque tenemos miedo de ser heridos nuevamente. Entonces estamos en guardia sobre las ofensas pasadas. Al hacerlo estamos comprobando que dudamos la habilidad de Dios de sanar nuestro pasado y proteger nuestro futuro.

Echamos tierra a otros porque creemos que nuestro valor propio está ligado al de ellos. Tenemos miedo que si los demás se ven bien, nos veremos peor en la comparación. Esto revela que nuestro valor propio no está fundamentado en Jesucristo.

Nos ponemos celosos porque no creemos que Dios es justo. Tenemos miedo de que Él haga acepción de personas y que honre a las personas en lugar de honrar la fe y la obediencia. Debemos recordar: todo lo que recibimos es por la gracia y fe en la bondad de Dios.

SANANDO LAS HERIDAS DE LOS CHISMES

Hay hombres cuyas palabras son como golpes de espada; mas la lengua de los sabios es medicina.
—PROVERBIOS 26:4

El chisme es una palabra imprudente o alocada que

¡Fuera de control y disfrutándolo!

hiere. La única manera de sanar las heridas es hablar palabras que contienen sabiduría y promueven la reconciliación. No debemos contestar de la misma manera en que la información nos fue traída. Un ejemplo de tal respuesta sería estar de acuerdo con el portador del chisme y ofrecer la historia de cómo el ofensor también nos hirió. Esto no traería sanidad. La instrucción que recibimos es la siguiente:

> Nunca respondas al necio de acuerdo con su necedad, para que no seas tú también como él.
> —Proverbios 26:4

> El que encubre la falta busca amistad; mas el que la divulga, aparta al amigo.
> —Proverbios 17:9

Cuando escuchamos una ofensa repetida podemos distanciarnos de nuestros amigos más cercanos. Estos versículos tratan a la herida de alguien cercano a nosotros. Debemos desarrollar la sabiduría y el discernimiento necesarios para contestar con palabras de vida. Yo he encontrado que Proverbios es una excelente fuente de sabiduría para gobernar mi corazón. En el apéndice de este libro hay una lista adicional de escrituras para ayudarte.

Es difícil salvaguardarte de este tipo de chismes, pero te ayudará hacerte estas preguntas:

- ¿Por qué me están diciendo esto?
- ¿Están confesando su reacción a la ofensa o simplemente repitiéndola para influenciarme?
- ¿Han ido al individuo que los ha ofendido?
- ¿Están pidiéndome que vaya con ellos para

ayudar en la restauración de la relación?
- ¿Estoy en la posición de ayudarles?

Si las respuestas a estas preguntas no son claras, quizás no seas la persona a quien deban estar hablando. Ellos debieran hablar en primer lugar con quien les ofendió.

Al estudiar Proverbios y al tener en cuenta estas preguntas no solo podremos dar respuestas con sabiduría sino que también dividiremos correctamente nuestros pensamientos y motivos. Esto también será útil al ir a otros con nuestras penas.

ACTITUDES SIGILOSAS

Ten cuidado de aquellas cosas que debilitarán tus defensas en contra de los chismes. Cuando alguien viene pidiendo consejo, quizás busque alardearte, sea de forma intencional o no. Esto puede causar que pierdas discernimiento.

> No recibirás presente; porque el presente ciega a los que ven, y pervierte las palabras de los justos.
> —ÉXODO 23:8

No es probable que alguien sigilosamente te entregue un billete de veinte pesos. El tipo de soborno contra el cual debes cuidarte es el halago, que viene en tales comentarios como, "Sabía que podría contarte esto porque no se lo contarás a nadie." Esto nos hace sentir dignos de confianza y como que estamos en una relación exclusiva con esta persona. Estando bajo la influencia del soborno he prometido no repetir asuntos que se hubieran tratado mejor de traerlos a la luz. La confiabilidad se comprueba con el tiempo.

¡Fuera de control y disfrutándolo!

Nunca podemos estar seguros de los hechos hasta haber escuchado todo el asunto.

Alguien quizás te halague diciendo, "Sé que eres una persona espiritual y con discernimiento." Una vez recibí una llamada de una mujer que dijo que había oído que yo tenía la habilidad de interpretar sueños. Luego procedió a contarme no solo su sueño, sino también la interpretación. Como resultado de su sueño concluyó que su pastor no era un hombre que caminara en el espíritu. En realidad esta mujer no me estaba preguntando nada. Ella simplemente quería buscar mi acuerdo y apoyo. Cuidado a quien escuches.

Cuando yo era una niña, había una hermosa familia católico-irlandesa con ocho niños que vivían a la vuelta de mi cuadra. La madre había decorado la cocina de una manera especial. Ella había pintado proverbios y dichos en las paredes. Recuerdo uno de los dichos de manera clara: "Quien chismee contigo, chismea de ti".

En la práctica he encontrado que este proverbio es verdad. Aquellos que te llevan cuentos, llevarán cuentos de ti. A menudo asociarán tu nombre. "Yo estuve almorzando con Lisa el otro día. ¿Sabías que fulano dijo tal y cual cosa?" La otra persona solo recordará tu nombre y comentario. Ahora te has convertido en culpable por asociación.

Habla la verdad

DEBEMOS LEVANTARNOS Y SER personas que nos atrevamos a ver lo suficiente a través de los halagos de la gente para decir la verdad. Pero al solo escuchar estamos reafirmando la ofensa. Debemos pedir sabiduría a Dios para hablar Su restauración y verdad.

Los chismes: más que meras palabras

Cuando nos atacamos unos a otros se nos advierte:

> Pero si os mordéis y os coméis unos a otros, mirad que también no os consumáis unos a otros.
> —GÁLATAS 5:15

¿Por qué batallará Satanás si él puede lograr que lo hagamos nosotros mismos? Recuerda, a él se le han sido quitadas sus armas. Él quiere que nosotros seamos los acusadores de los hermanos en lugar suyo. Al hacer guerra unos contra otros cumplimos su propósito. Es tiempo de edificarnos, no de destruirnos. Es importante no alinearnos con las mentiras del enemigo, pero alinearnos con la verdad de nuestro Padre.

Lo que nosotros consideramos inocente y de buenas intenciones Dios tiene la manera de revelar lo que realmente es. Cuando Le pedimos que separe lo precioso de lo vil, Él señala nuestras fallas escondidas y las expone para que podamos verlas a Su luz. Su luz todo lo revela, ofreciendo una perspectiva diferente de la débil iluminación de nuestras intenciones. En este momento vemos nuestras fallas por lo que realmente son—horribles.

Aunque tengamos la tentación de presentar excusas por nuestro comportamiento, es crucial dejar que el dolor y la vergüenza de esta revelación penetre nuestros corazones en ese momento. Luego nos volveremos a nuestro Padre amoroso para pedirle perdón, renunciar a nuestra parte del chisme y regocijarnos cuando Dios lo arroje lejos. Si cometemos el error de justificar nuestro comportamiento nos encontraremos cautivos en él.

Pide a Dios que examine tu corazón para que

¡FUERA DE CONTROL Y DISFRUTÁNDOLO!

puedas conocer la verdad y ser puesto en libertad.

Padre,
En el Nombre de Jesús, te pido que abras mis ojos para que pueda examinar el motivo y el intento de mi corazón. Te pido perdón por cada vez que te he ofendido con mis palabras y no he confiado en tu protección. Me entrego a tu cuidado. Coloca una barrera a mi boca, para que no peque contra Ti (Salmo 141:3). En el Nombre de Jesús, amén.

13

¿Auto-negación o auto-abandono?

*¡**T**ODOS NECESITAN ALGO de mí!* Estas palabras las decimos a menudo con el rostro contracturado cuando nos sentimos tironeadas de todos lados. Si somos honestas, sin embargo, esta queja está acompañada de un sentimiento de auto-satisfacción. Las cosas podrían ser peores—¿ y qué si nadie nos necesitara? ¿Qué pasaría si nuestro esfuerzo y talento pasaran desapercibidos?

Aun en nuestra exasperación encontramos el consuelo de ser necesitadas. Suspiramos y rápidamente aseguramos a los que nos rodean que podemos soportar nuestras tareas insoportables. ¿Por qué?

Porque las mujeres necesitan ser necesitadas y los hombres necesitan ser respetados. Las mujeres son compasivas. Es nuestra propia naturaleza asistir y ayudar. Es muy importante que la mujer se sienta indispensable e irreemplazable. Para asegurarnos este lugar de eminencia, a menudo la mujer se coloca en las vidas de los suyos como una "medidora de necesidades."

¡Fuera de control y disfrutándolo!

¿Por qué necesitamos ser medidoras de necesidades? Dios diseñó a la mujer para nutrir y atender a sus esposos, hijos y seres queridos. Pero aquello que nos capacita puede llegar a ser un agotamiento si tratamos de suplir todas las necesidades en nuestra propia fuerza y habilidad. A veces estamos tan ocupadas solucionando las necesidades a los demás que nos olvidamos nuestras propias necesidades. Esto es apropiado en el caso de emergencias, y es importante ser flexible y espontánea hasta cierto punto. Pero cuando la excepción se convierte en un estilo de vida es destructiva.

Para ser eficaces en Cristo debemos saber qué es lo que debemos realizar—conocer el propósito para lo cual fuimos creadas. Si no tenemos a las prioridades en su correcto lugar, pasaremos los días sin propósito, con la esperanza de estar yendo en la dirección correcta.

Si lo permitiéramos, las demandas y presiones a nuestro alrededor usurparían siempre nuestras prioridades y desordenarían nuestros días. En poco tiempo las pequeñas crisis, las interrupciones y llamadas telefónicas nos desvían del curso. Esta actividad sin propósito puede pilotear nuestras vidas. Este desorden comienza a agotarnos. Nuestros días están muy ocupados pero con poca productividad. Esto nos agota y nos hace sentir fracasadas. Esto roba nuestro gozo, y con ello, nuestra fuerza.

Mi rutina frustrante

Para explicar esto, quisiera compartir algunos ejemplos de mi propia vida. A menudo me ha costado recibir ayuda de otros. Me sentía culpable, razonando que realmente debería hacer todo por mi propia

¿Auto-negación o auto-abandono?

cuenta. Yo pensaba lo siguiente, *Si tan solamente fuera más organizada o si me levantara más temprano, podría hacer todo.* Si alguien ofrecía ayudarme, me sentía presionada a devolver la ayuda al atender o ministrar a la persona de alguna manera para tranquilizar la culpa de mis propias falencias. Era más fácil hacer todo sola. Pero continuamente me sentía agotada y sin energías. Yo permitía que las necesidad de los que me rodearan dictaran mis prioridades.

Yo pasaba mis días corriendo en círculos—respondiendo a esta crisis, comenzando tal proyecto, interrumpida por otra crisis más—hasta que llegué a estar tan frustrada que determinaba tan solo poder sobrevivir hasta la hora de acostar a mis hijos, el momento de descanso.

Acostaba a mi último hijo a las diez de la noche. Luego yo cobraba vida. Finalmente podía lograr algo con los niños en la cama y con el teléfono en silencio. Yo sabía que no sería interrumpida. Mientras el resto del mundo se preparaba para la cama, yo comenzaba a lavar ropa y me dirigía a la cocina.

Con hijos pequeños y un marido frecuentemente fuera de casa, yo encontraba que la cocina podía ser aterrorizante. Me ponía a limpiar el desorden de comida caída bajo la mesa, y luego decidía limpiar todo el piso. Mi cocina tiene pisos blancos de cerámica, con juntas blancas, y mantenerlos así es una lucha. Sacaba el cloro y los polvos de limpieza y cepillaba con un cepillo de dientes hasta que creía desmayarme de los vapores del cloro. Luego subía a nuestra oficina para escribir cheques para pagar las cuentas. Terminaba cayendo a la cama entre la una y dos de la mañana.

A las seis y media comenzaba nuevamente el ciclo.

¡Fuera de control y disfrutándolo!

Yo bajaba a tropezones a la cocina para comenzar el café. Mis hijos me observaban con una mezcla de piedad y curiosidad. Ellos entendían (porque yo se los había dicho muchas veces) que las mamás hacen cosas durante horas mientras todos los demás duermen.

Mi hijo mayor preguntó inocentemente una vez, "¿Por qué no te vas nomás a la cama?"

"No puedo. ¿Quién haría todas las cosas?" yo explicaba.

"Oh", él asentía tristemente.

Yo escuchaba las oraciones nocturnas de mis hijos, y mi segundo hijo oraba regularmente, "Dios, deja que Mamá esté fresca y renovada en la mañana." Pero nunca era así.

Así que miraban mientras yo me movía en la cocina de mesada en mesada, tratando de armar los almuerzos y hacer el desayuno. Preparaba a mi hijo mayor para ir al colegio, limpiaba la cocina, e intentaba meterme en la ducha antes de que el teléfono comenzara a sonar—pero nunca llegaba a hacerlo. Eran las nueve de la mañana y el resto del mundo estaba despierto y duchado.

Me frustraban las interrupciones, generalmente logrando salir de la ducha justo a tiempo para comenzar el almuerzo. Después del almuerzo solo lograba una hora más de trabajo antes de que fuera hora de buscar los niños en la escuela.

Así era mi ciclo diario.

Durante el embarazo de mi cuarto hijo me puse anémica. Mi marido intervino. Me hizo contratar una señora para limpiar que vendría dos veces por mes. Me ayudaba, pero durante las otras dos semanas del mes el desorden no podía esperar.

Una noche, embarazada de cuatro meses, me

¿Auto-negación o auto-abandono?

encontré de manos y rodillas limpiando mis pisos cerámicos a la medianoche. Orgullosamente me decía, *Ninguna señora de limpieza limpia así mi piso. Nadie logra que las juntas estén tan blancas como yo las tengo.*

Dios me interrumpió, "Lisa, cuando te pares delante de Mí no te recompensaré por cómo has limpiado tus pisos blancos. Te recompensaré por tu fidelidad hacia las cosas que yo te dije que hagas. Suelta estas pequeñeces."

Repentinamente mis alardes parecieron necios; mi agotamiento tan inútil. Yo ya sabía lo que pasaría la mañana siguiente. Me despertaría irritada, arrancando con atraso aun antes de empezar el día.

Pero yo era caprichosa. Yo recibía mi valor propio a través de hacer todas estas cosas. Disfrutaba de verme como una mártir por mi familia. Razonaba: *Me levantaré a las seis de la mañana y tomar la ducha antes de que mis hijos se levanten para que yo pueda organizarme mejor. Entonces puedo continuar con mis tareas del hogar, la administración del ministerio, y el cuidado de mis hijos.* Continuaba haciendo toda las cosas y siempre me encontraba atrasada.

Yo estaba derivando mi valor propio de algo fuera de Dios. Lo derivaba de mi tarea desinteresada para mi familia. Pero en realidad, no era desinteresada. Yo era desinteresada al retener a mi familia lo que realmente importaba—mi tiempo y atención.

DESCUIDANDO MI PERSONA Y MI FAMILIA

EN EL QUINTO MES de mi embarazo, mi automóvil fue chocado por atrás. Aunque el bebé estaba bien, yo estaba embarazada y se agregó una lesión cervical. Ya no podía físicamente hacer todas las cosas que estaba

¡Fuera de control y disfrutándolo!

haciendo. Tuve que enfrentar mis limitaciones físicas y mis percepciones distorsionadas. Tuve que limitar mis quehaceres domésticos y contratar a una señora para realizar limpieza cada semana hasta tener al bebé.

¿Por qué tuve que estar totalmente discapacitada antes de aceptar la situación? Porque estaba tan ocupaba y tan preocupada con muchas cosas. Yo había confundido auto-negación con auto-abandono. Yo pensaba que cuidar a todos, menos a mí misma, era negarme. Me hacía sentir útil y espiritual. Pero la verdad era que estaba negando a mi familia, estaba negando el llamado de Dios sobre mi vida; estaba siendo negligente conmigo misma.

Auto-negación es dejar de lado nuestra voluntad natural para elegir el propósito de Dios.

> Entonces Jesús dijo a sus discípulos: Si alguno quiere venir en pos de mí, niéguese a sí mismo, y tome su cruz, y sígame.
>
> —Mateo 16:24

Yo había negado a mis niños una madre descansada y agradablemente despierta por las mañanas. Había negado a mi marido y a mis hijos tiempo de calidad conmigo porque siempre estaba tensa y distraída. Yo sentía la necesidad de trabajar incesantemente porque estaba bajo el peso constante de lo que aún quedaba por terminar.

Cuando mi marido estaba en casa le negaba una esposa en la cama con él a causa de mis horarios desordenados. Me quedaba despierta más tarde que él, o me escapaba del dormitorio cuando estaba dormido. Negaba que mis hijos accedieran a mí. Sin darme cuenta, los empujaba a un costado cuando permitía

¿Auto-negación o auto-abandono?

que cada llamada telefónico interrumpiera nuestro tiempo juntos. Luego los apuraba a la cama. Yo no estaba disfrutando de mi marido e hijos—¡solo los estaba sobreviviendo!

La Mamá Marta

Yo me había convertido en una Mamá Marta. Yo estaba dejando de lado el tiempo de descanso, ejercicio y recreación. Descuidé la alegría matrimonial y a mis hijos. ¿Por qué razón? Por cuidar "cosas". Lo peor de todo es que me estaba descuidando espiritualmente; siempre dando y sin recibir. Este abandono no era tanto por ganancias espirituales sino a causa de mis ocupaciones como madre. ¡Yo era una Marta! Yo me agachaba en el suelo para orar y descubría un ladrillo de juguete bajo el sofá. Luego estaba limpiando todo el piso superior, olvidándome totalmente que me había arrodillado para orar.

> Respondiendo Jesús, le dijo: Marta, Marta, afanada y turbada estás con muchas cosas. Pero solo una cosa es necesaria; y María ha escogido la buena parte, la cual no le será quitada.
>
> —Lucas 10:41–42

A veces debemos dejar morir los ladrillos de juguete, cerrar nuestros ojos, apagar todo lo que nos distrae para sintonizarnos con Dios. Al principio esto resultará más difícil que limpiar. Estamos acostumbradas a la actividad. Así es como nos sentimos necesarias. Marta quería que María estuviera en la cocina trabajando en la preparación de la comida. María tenía la actitud siguiente: "Puedo comer después; ahora Jesús está hablando y quiero oírle."

¡Fuera de control y disfrutándolo!

Nuestro tiempo de oración, alabanza o adoración no es otra demanda que el Señor pone sobre nosotras. Es algo que Él provee para refrescarnos.

Yo solía considerar a la oración como una cosa más que no había realizado en el día. Yo oraba todos los días, pero yo quería tener dos horas seguidas dentro del ropero (que seguramente empezaría a ordenar). Al final del día finalmente lograba unos minutos con Dios, aunque estaba segura de que Él estaba molesto porque no Le había dado las dos horas anteriores, así que pasaba mi tiempo de oración pidiendo disculpas. Un día Él interrumpió mi informe de condenación. "¡Este tiempo es para ti!", me dijo. "No debes verme como que estoy enojado porque no has orado antes. Me alegro de estar contigo ahora. Deja que yo te refresque para que puedas disfrutar de estos tiempos juntos." Esto revolucionó mi manera de orar.

Cuando estamos tan ocupados en lo temporal que descuidamos lo eternal, nos frustramos. Echamos la culpa a quienes nos rodean aunque nuestra frustración es producto de nuestra propia falta de renovación espiritual. No nos renovamos porque estamos demasiado ocupados cuidando a todo lo demás para que ellos puedan renovarse. Luego nos enojamos con ellos cuando no están manteniendo nuestro propio ritmo frenético, y estamos golpeando con furias las ollas y fuentes en la cocina. Debemos dejar las ollas para disfrutar de Dios y de unos y otros.

Dios me mostró que yo podía experimentar la misma renovación en Su presencia al pasar tiempo con mi esposo e hijos. Me ocupaba demasiado en ser una madre para nutrir a mi familia. Estaba tan ocupada siendo una esposa que no era una compañera. Al final, yo creía que demostraba mi amor al suplir las necesidades.

¿Auto-negación o auto-abandono?

Cuando John me invitó a jugar al golf, yo le dije, "¡No tengo tiempo para golf!" Yo estaba irritada porque él lo hacía. La verdad era que yo tenía tiempo para lo que quería. Pero no separaba tiempo para recreación y esparcimiento. Yo estaba tan obsesionada con quienes amaba que me había olvidado de disfrutarlos.

Recuerda, Dios nos hizo para vivir acompañados. Él creó a la mujer para el hombre para que no estuviera solo. Él quería que disfrutaran el uno del otro y de todo lo que Él había creado. Cuando reemplazamos nuestro tiempo de comunión con Él con las obras de nuestras manos, se agota nuestra energía.

Lo mismo es la verdad con niños y amigos. Si no pasamos tiempo desarrollando estas relaciones, con el tiempo dejarán de crecer.

¿Cómo podemos salvaguardar nuestro tiempo contra estos robos? ¿Cómo podemos mantener una perspectiva correcta? ¿Cuáles deben ser nuestras prioridades? Sé que hay muchos libros buenos que tratan sobre el orden del día, el tiempo y las prioridades. Algunos aconsejan este orden: Dios, marido, hijos, trabajo, iglesia y uno mismo. Otros recomiendan: Dios, uno mismo, ministerio, marido, hijos, iglesia, trabajo, amigos. Yo no trataré de recopilar una lista por temor de que se use como una fórmula.

¡No creo que exista tal fórmula! Si existiera, ciertamente no estaría dentro de mi sabiduría. Cuanto más camino con Dios, más me doy cuenta de que fórmulas, reglas y leyes nos guían inevitablemente en el camino de la religión. Pregúntate simplemente; "¿Cuál es mi motivo?"

¡FUERA DE CONTROL Y DISFRUTÁNDOLO!

¿PARA QUÉ ESTÁS TRABAJANDO?

NUNCA PODRÁS CORREGIR correctamente tus prioridades a menos que les asignes valor. No me estoy refiriendo al *valor del tiempo* sino mas bien a los *valores del corazón*. Los hijos de Israel querían una lista de reglas y fórmulas mas que una relación con su Creador. Ellos querían que cada detalle posible fuera deletreado sobre cómo obedecer a Dios y permanecer santos. Pero no funcionó.

Jesús lo resumió de la siguiente manera:

> Jesús le dijo: Amará al Señor tu Dios con todo tu corazón, y con toda tu alma, y con toda tu mente.
>
> —MATEO 22:37-38

Jesús quitó la estructura rígida y sin vida. Él no les dijo cómo amar a Dios y al prójimo. Jesús sabía que si sus corazones eran puros, las acciones correctas proseguirían.

¿Cuál es nuestra estructura de valores? ¿Podemos ser confiados en crear una estructura? No, porque nuestra naturaleza está en ocuparnos y distraernos, no solo en nuestros hogares sino en la iglesia y en nuestros trabajos. No podemos confiar en nosotros mismos para medir con exactitud el mérito de aquello que Dios ha colocado en nuestras manos.

Vivimos en un mundo en donde los parámetros son relativos. Los parámetros flotan en una mar de incertidumbre y cambios constantes. Estos parámetros suben y bajan con cada oleada. Los bueno es malo, y lo malo es bueno. Esta moralidad flotante no valora ni afirma lo que Dios estima. Nuestra cultura recompensa

¿Auto-negación o auto-abandono?

los logros y las apariencias, pero Dios recompensa la fidelidad y la substancia.

LAS COSAS NO SON LO QUE PARECEN

LAMENTABLEMENTE, MUCHOS CRISTIANOS está ocupados trabajando para dar la apariencia de algo de substancia y logros. Esto deja a la persona con un sentimiento de vacío y temor. Las apariencia son muy difíciles de mantener. Toda fuerza la agotan en proteger constantemente esta imagen. La apariencia nos roba de la misma energía que necesitamos para cambiar.

Apariencia quiere decir, por definición, lo siguiente: "presentación, aires, semblanza o aspecto." En contraste, *substancia* se refiera a la "esencia, cuestión, elemento o material." Esta definición sugiere la misma vida o verdad de un cuestión, persona o cosa. Tiene que ver con la hechura de algo mas que lo que lo envuelve.

La verdad no avergüenza; es abierta y se monta en los vientos de los principios que sobrepasan el tiempo. Las apariencias simplemente cubren lo externo y toman fuerza a través del engaño. El tiempo captura la apariencia, y eventualmente la expone y la destruye. Los caminos de Dios son más altos que los nuestros. Su verdad y Sus principios no tienen fin. La verdad siempre sobrevive a la mentira.

Yo te desafío a que examines tu estilo de vida con honestidad. ¿Estás tan ocupada que te estás descuidando a ti misma y a quienes amas? ¿Has confundido auto-abandono por auto-negación? ¿Para qué estás trabajando? ¿Estás basando tu seguridad en las pequeñas cosas o estás enfocada en lo eterno?

Si tu respuesta a alguna de estas preguntas es sí, entonces no las uses como excusa para caer en culpas. Todo lo contrario; deja que te motiven al cambio.

Parte III
Libre al fin

14

Por encima de tu cabeza y fuera de control

Cuando yo tenía cinco años yo era muy audaz, especialmente respecto al agua. La única manera que mis padres me pudieron convencer de tomar lecciones de natación fue prohibir que me arrojara desde muy alto al agua. Aunque no sabía nadar me arrojaba de pie desde los tres metros, agarrada al flotador que rodeaba mi cintura, en cuanto el guarda de la playa no estaba mirando.

En cuando tomé lecciones de natación comencé a superarme, y pronto estaba nadando competitivamente durante todo el año. Comencé a los seis años y nadé competitivamente hasta mis años universitarios.

Yo crecí en Indiana, en los Estados Unidos, y nuestra familia tomaba vacaciones anuales en Florida. Fue allí que desarrollé un amor por el surf de cuerpo. Pasaba todo el día en la playa. Cuantas más altas eran las olas más me gustaba. Salía nadando y me ponía en una posición en la cual me situaba en el mismo movimiento de la ola. Cuando la tomaba, me levantaba y me llevaba hacia la costa. Al llegar el mar me arrojaba sobre la playa donde la ola se desintegraba. Me levantaba de entre la arena y el agua y le gritaba a mi madre, o a quien estuviera cerca, "¡Ey! ¿Vieron lo lejos que fui esta vez?" Otra vez salía al mar, buscando nuevamente estar entre las olas. No tenía temor ni a las olas ni al agua. Yo disfrutaba entregar el control y el contacto con el suelo del mar a cambio de la gran emoción del viaje en la oleada.

Al ir creciendo, ya no tenía tanta libertad. Me ponía vergonzosa. Notaba que otros me miraban, y me preguntaba qué pensaban. Quizás me veían mal al verme llegar a la orilla. También se metía la arena en el traje de baño, y surgía un problema de modestia si la parte superior del traje de baño se bajaba, o si la parte inferior se subía. Los temores de cómo me podían ver los espectadores anónimos me robó el gozo de nadar.

Comencé a pensar, *Estoy crecida y madura. ¿Quién necesita de arena incómoda y un océano turbulento?* Solo quería estar en una piscina de natación donde me podía refrescar, pero también podría determinar cómo, cuándo y cuán a menudo podría bañarme.

Al poco tiempo también decidí que era una molestia mojarse—¡y punto! Se desarreglaba el pelo y mi maquillaje. ¡Era demasiado frío! Perdí mi pasión por el agua. Me encontraba tímida y ansiosa si no estaba en una piscina.

No es mi elemento

EL NADAR PROVEE UNA oportunidad única de experimentar un elemento y ambiente en los cuales normalmente no vivimos. Nos da la oportunidad de jugar con aquello que potencialmente puede matarnos. El agua debe ser respetada. No juega por

¡Fuera de control y disfrutándolo!

nuestras reglas; jugamos por sus reglas. No podemos vivir sin agua, pero no podemos vivir en ella tampoco.

Algunos de ustedes dirán, "No me gusta nadar." Pero, ¿qué es lo que no te gusta de nadar? ¿Es la temperatura? ¿Tienes miedo que no podrás tocar o ver el fondo? ¿Tienes miedo de lo que haya debajo del agua? ¿Es porque las aguas profundas y quietas te dan miedo? ¿O son las aguas playas y turbulentas? ¿Es la profundidad o las olas? ¿Te sientes desnuda en un traje de baño? Quizás no puedes nadar.

Yo decidí que había nadado lo suficiente. Era tiempo que mis hijos lo disfrutaran mientras yo los observaba desde la orilla. Pero el Espíritu me susurró:

—Te gustaba nadar.

—No, ya no—contestaba.

—Pero te gusta que pase por encima de tu cabeza. Te gusta el lado profundo.

—Ya no más—opinaba yo.

Como ven, yo estaba tratando con algo más que lo incómodo o lo elegante. Yo me había vuelto temerosa—no solo del agua sino de cualquier cosa que tuviera la fuerza de arrastrarme de mis pies y pasar por encima de mi cabeza.

Yo estaba en un tiempo de cambio y transición. Yo quería la seguridad de asegurarme qué esperar en el tiempo. Yo quería planear. Yo no quería más sorpresas. Yo era mayor. Yo conocía mis limitaciones y mis niveles de comodidad y no quería que fueran violados. Para mantenerme en esta posición me había encerrado para protegerme. Si tomaba demasiados pasos hacia adelante, yo debía arriesgarme en terreno inseguro e inesperado. Así que me mantenía en la orilla de la indecisión con un ojo vigilante sobre el agua.

Es tiempo de salir a nadar

Pero la misma orilla estaba llena de sus propios temores. Temor al fracaso, temor a errar, temor de quedarme a la orilla, temor de dejar la orilla. Temor, temor y más temor—el temor me inmovilizaba más que cualquier otra cosa en mi vida.

Yo me estaba irritando por los límites que me había impuesto para protegerme. Mi inquietud ocurrió cuando Dios comenzó a hablarme de Isaías 52:1-2. Dios estaba despertando mi interés en la aventura. Parecía que Él quería librarme de ataduras para que yo pudiera darle control total sobre mi vida. Ni bien acababa de soltar mis cadenas que Él me instruyó a que me arrojara en aguas que subían por encima de mi cabeza.

Por la primera vez, noté el temor hablando a mi mente. Yo pensaba, *¿Y de dónde vendrá esto?* Yo sabía que era importante resistir al temor para permanecer libre, pero no estaba segura de entregar lo poco de control sobre mi vida que yo ahora disfrutaba. Luego Dios me mostró Su río, y me susurró con ánimo, "Recuerda, te gusta nadar."

El río de Dios

Yo encontré este río en Ezequiel. Es un río que sale del templo de Dios y de la habitación del trono de Su príncipe (Ezeq. 47:1-2).

> Por medio de una visión, Ezequiel fue traído de regreso del exilio a Jerusalén. Él estaba en el templo donde recibió indicaciones y directivas específicas para el ministerio del templo y las prácticas de la adoración. Él estaba acompañado

¡Fuera de control y disfrutándolo!

de un "varón, cuyo aspecto era como aspecto de bronce; y tenía su cordel de lino de su mano, y una caña de medir".

—v. 3

Ellos registraron cada medida y ordenanza para la adoración. Este hombre le mostró a Ezequiel la gloria de Dios en la puerta oriental. Luego Ezequiel fue llevado por el Espíritu al atrio interior donde vio cómo la gloria de Dios llenaba el templo. En capítulo 47, Ezequiel fue llevado fuera del templo a un río que fluía del sur del templo. Era más que un río natural; era el río de la gloria de Dios que procedía de Su trono. El hombre de bronce trajo a Ezequiel a las orillas del río de Dios y lo midió en miles de codos. En cada medición, llevaba a Ezequiel hacia adentro de las aguas para que pudiera experimentar la profundidad del río a esa distancia de la orillas.

> Y salió el varón hacia el oriente, llevando un cordel en su mano; y midió mil codos, y me hizo pasar por las aguas hasta los tobillos.
>
> —Ezequiel 47:3

Los primeros mil codos eran solo de una profundidad que llegaba al tobillo. En aguas tales, uno puede caminar libremente. Todavía puedes mirar el suelo del río y ver si estás caminando sobre arena o piedra. La tierra aun te sostiene. Estás en el agua, pero aun estás sobre tierra. Puedes caminar con poca o ninguna resistencia del agua. Puedes sentir su frescura, pero si lo deseas, puedes regresar y volver a la orilla.

> Midió otros mil, y me hizo pasar por las aguas hasta las rodillas.
>
> —Ezequiel 47:4

Cuando el agua llega hasta las rodillas comienza a demorar tu progreso por el río. Según la fuerza de la corriente quizás te cueste caminar en línea recta a menos que tengas algo que te alinee desde la orilla. Si no puedes mantener tu posición respecto a un punto de referencia, te encontrarás que la corriente te ha llevado río abajo. Las aguas a las rodillas tienen mayor influencia que aguas a los tobillos. Si tratas de caminar con rapidez, pronto perderás tu equilibrio y te encontrarás mojado. Pero todavía puedes volver a ponerte de pie y regresar a la orillas.

> Midió luego otros mil, y me hizo pasar por las aguas hasta los lomos.
>
> —Ezequiel 47:4

Aguas que llegan hasta la cintura, esto ya es otra cosa. Ahora estás mitad adentro y mitad afuera del agua. Tu progreso en el agua se hace más gravoso. Ya es posible que no veas en fondo del río. Sabes que el fondo está por el hecho de que sigues en pie. Pero sentir algo que no puedes ver no es tan cómodo como ver algo que no puedes sentir. Las aguas tienen mucha influencia en tu progreso y dirección. Es más fácil nadar en aguas que llegan a la cintura mas que caminar, pero porque el suelo ya no es visible, no quieres soltar tu contacto con ello.

> Midió otros mil, y era ya un río que no podía pasar, porque las aguas habían crecido de manera que el río no se podía pasar sino a nado.

¡FUERA DE CONTROL Y DISFRUTÁNDOLO!

> Y me dijo: ¿Has visto, hijo del hombre?
> —EZEQUIEL 47:5–6

Ahora las aguas estaban por encima de la cabeza de Ezequiel. Él no podía ver el fondo del río y ya no tenía más contacto. Ya no estaba sostenido por el suelo sólido del río; él estaba sostenido ahora por el río. Estaba bajo su control. Ezequiel estaba rodeado totalmente de un elemento en el cual no podía caminar ni respirar. Fue arrastrado por las corrientes poderosas del río. El progreso estaba determinado por el fluir del río. Las corrientes determinaban la velocidad y distancia.

Tú no tienes influencia en este tipo de río, pero ciertamente tiene influencia sobre ti. Ezequiel lo describió como un río profundo como para nadar, pero imposible de cruzar. Si lucharas contra la corriente, a lo sumo te agotarías. Podrías ahogarte. Lo mejor es entregarte al río y que viajes por donde te lleve.

El río de Dios puede rodear, sostener, llevar, transportar, refrescar y en momentos sobrepasarte. Dondequiera que corre este río trae vida.

> Y toda alma viviente que nadare por dondequiera que entraren estos dos ríos, vivirá; y habrá muchísimos peces por haber entrado allí estas aguas, y recibirán sanidad; y vivirá todo lo que entrare en este río... Y junto al río, en la ribera, a uno y otro lado, crecerá toda clase de árboles frutales; sus hojas nunca caerán, ni faltará su fruto. A su tiempo madurará, porque sus aguas salen del santuario; y su fruto será para comer, y su hoja para medicina.
> —EZEQUIEL 47:9, 12

Por encima de tu cabeza y fuera de control

Es un río de vida vibrante que llevará vida por donde fluya. Pero se nos advierte que no debemos cruzarlo ni contradecirlo. Cuando Dios fluye por Su Espíritu no podemos cruzarlo. Él quería asegurarse que Ezequiel veía y experimentaba la fuerza y magnitud de este río.

No contradigas el Espíritu Santo

¿QUÉ SIGNIFICA CONTRADECIR ALGO? Contradecimos cuando nos oponemos, frustramos o somos cínicos al fluir del Espíritu Santo. También contradecimos al Espíritu Santo cuando mezclamos lo que Él está haciendo con lo que Él no es. Esto significa mezclar la gloria del hombre con la gloria de Dios. Esto quiere decir que hemos hecho mercadería del fluir de Dios. Puede significar tener el celo sin el conocimiento.

Mira cómo Jesús enfrentó a Pablo cuando estaba contradiciendo la iglesia primitiva cuando la perseguía:

> Y cayendo en tierra, oyó una voz que le decía; Saulo, Saulo, ¿por qué me persigues? Él dijo; ¿Quién eres, Señor? Y le dijo: Yo soy Jesús, a quien tú persigues.
>
> —Hechos 9:4–5

Jesús no dijo, "Oye, Saulo, ¡deja de lastimar Mi iglesia!" Él acusó a Saulo de perseguirle. No una vez, sino dos veces expresó esto. Estoy seguro que Saulo (Pablo) se había sorprendido. Él pensaba que estaba en una misión para Dios. Él conocía los nombres de quienes había metido en la cárcel o ejecutado, pero, ¿quién era éste?

Pedro también reconoció la importancia de no contradecir al Espíritu Santo. Él había estado predicando a

¡FUERA DE CONTROL Y DISFRUTÁNDOLO!

los gentiles, y ellos habían sido gloriosamente bautizados en el Espíritu Santo. Cuando Pedro regresó a Jerusalén, los líderes de la iglesia lo reprendieron por ministrar a los gentiles. Pedro explicó lo que había sucedido:

> Y cuando comencé a hablar, cayó el Espíritu Santo sobre ellos también, como sobre nosotros al principio. Entonces me acordé de lo dicho por el Señor, cuando dijo; Juan ciertamente bautizó en agua, mas vosotros seréis bautizados con el Espíritu Santo. Si Dios, pues, les concedió también el mismo don que a nosotros que hemos creído en el Señor Jesucristo, ¿quién era yo que pudiese estorbar a Dios? Entonces, oídas estas cosas, callaron y glorificaron a Dios, diciendo; ¡De manera que también a los gentiles ha dado Dios arrepentimiento para vida!
> —Hechos 11:15–18

Pedro entendía más que nadie que no debía intentar controlar algo que Dios estaba haciendo. Él comprendía que no debía contradecir a Dios. Un temor santo y una reverencia marcaba todo lo que el Espíritu estaba haciendo. Los líderes aceptaron su explicación aunque contradecía la tradición y ley judaica.

El río de Dios fluirá independientemente de la aprobación del hombre. No será suplida por el hombre porque está originado desde el mismo trono del Dios. No será alterado por el hombre. El curso del río está marcado por el Espíritu, no por nuestras agendas. Nos llevará a lugares donde no hemos estado en una manera a la cual no estamos acostumbrados.

Por encima de tu cabeza y fuera de control

¿Notas que la entrada al río es gradual? No comienzas con el agua por encima de tu cabeza. El proceso comienza a la altura de los tobillos, luego progresa hasta la rodilla, luego a la cintura. Esto nos permite hace los ajustes a los cambios de temperatura y corriente. Luego el suelo repentinamente baja y el agua cubre nuestras cabezas. Este es el punto donde debemos entregar todo nuestro control a la corriente. Aquí es donde nos soltamos y dejamos que Dios ejercite Su control sobre nuestro cuidado, cauce, y destino.

Recolectores en las playas

Espiritualmente, hay gente que está divagando en las playas de la decisión. ¿Entran y comprueban el agua? ¿Deben entrar hasta sus cinturas o tirarse agua adentro y soltar todo control al río?

Algunos anhelan desesperadamente saltar con total abandono en las corrientes de este río. Si lo pudieras hacer, estarías con el agua encima de tu cabeza en un momento, pero algo te retiene.

Tienes confusión. Hay gente que te está rogando desde la playa, "¡No entres más adentro! ¡Te necesito! ¡No me dejes atrás! ¡Quédate un poco más!" Tu corazón siente atracción por las aguas, pero también te sientes ligada a la orilla.

Yo sé que esto suena duro, pero debes dejar los ruegos de lado y abrazar las aguas. Es la única manera en que realmente ayudarás a los demás. Las voces son generalmente de los miembros de la familia. Jesús nos dijo que enfrentaríamos este tiempo de separación:

> Si alguno viene a mí, y no aborrece a su padre, y madre, y mujer, e hijos, a hermanos, y hermanas,

¡Fuera de control y disfrutándolo!

y aun también su propia vida, no puede ser mi discípulo.

—Lucas 14:26

La Biblia Ampliada explica a la palabra "aborrecer" como un "sentimiento de indiferencia o menor consideración para ellos (la familia) en comparación a nuestra actitud hacia Dios." Jesús está exponiendo cualquier atadura que podrá sujetarnos a algo que no sea Su persona.

Separados por la espada

En mi propia vida he escuchado aquellas voces de la orilla. Había una voz en particular que me sentía obligada a escuchar. Me sentía tan responsable por este ser querido que se había convertido en algo malsano.

Si la persona no estaba feliz y yo lo estaba, me sentía culpable. Si esta persona tenía un problema, lo hacía mío. Yo era mediadora de las relaciones de esta persona con el resto de la familia. Yo me sentía agobiada tratando de resolver los problemas de esta persona. Me enredé tanto en los estados de ánimo de esta persona que afectaban mi vida y mi matrimonio. Nadie, ni siquiera mi marido, tenía este efecto sobre mi vida.

Por años luché con esta relación. Yo sabía que era malsana, pero parecía que no podría romperla. Yo quería mostrar mi amor y respeto por la persona, pero el control que yo sentía lo hacía muy difícil. Me abrí con una amiga que compartió estas palabras de Jesús conmigo:

No penséis que he venido para traer paz a la

tierra; no he venido para traer paz, sino espada. Porque he venido para poner en disensión al hombre contra su padre, a la hija contra su madre, y a la nuera contra su suegra.

—MATEO 10:34-35

Esta escritura suena dura. Esta persona era creyente. ¿Cuál sería la razón para volverme en contra de ella? Yo no quería una ruptura. Yo quería solamente que la relación fuera saludable.

Lo leí nuevamente. Esta vez, al leerlo, vi al ángel con los ojos de mi mente. En su mano sostenía la espada de la luz. Oí que el Señor decía; "Deja que pase Mi espada entre ustedes dos."

Yo podría darme cuenta que el ángel estaba esperando mi persona. Él no podría hacer nada hasta que yo le diera instrucciones. El Señor continuó: "Lisa, tú ves a esta espada como un instrumento de destrucción. Con un lado corta, y con el otro sana." Luego me citó la siguiente escritura, tan conocida:

Porque la palabra de Dios es viva y eficaz, y más cortante que toda espada de dos filos; y penetra hasta partir el alma y el espíritu, las coyunturas y los tuétanos, y discierne los pensamientos y las intenciones del corazón.

—HEBREOS 4:12

Yo medité más sobre esta relación. Vi que tenía una necesidad profundamente arraigada de recibir la aprobación de esta persona. Yo había contribuido una porción malsana a esta relación al tratar de suplir necesidades que solo Jesús podría suplir. ¡No era de sorprenderse que yo estaba destinada al fracaso!

Yo sabía que Jesús me estaba pidiendo que Le

¡Fuera de control y disfrutándolo!

permitiera hacer lo que yo no podía hacer. Él no identificaría cada lazo que nos había atado. ¡Él no los cortaría! Mi comportamiento nos había atado. Cuando vi esto, cerré mis ojos y le pedí a Dios que por Su Espíritu nos librara. Miré en un instante mientras un sable de luz pasó entre nosotros.

Inmediatamente sentí que no le debía nada a la persona salvo amor. Algunos aspectos no cambiaron de la noche a la mañana, pero sí cambiaron. Ahora esta relación es saludable e íntegra.

Muchas de ustedes necesitarán permitir que la Palabra de Dios pasen entre ustedes y los enredos que los atan. Obedezcan al Señor y respondan al llamado del Espíritu de soltar tu control.

Suelta al control de Dios a tu marido, seres queridos, amigos, temores, miedos, y lo más importante, suéltate a ti misma. Experimentarás tal libertad como la que jamás hayas conocido por simplemente soltarte.

Si estás lista, di esta oración:

Padre,

Vengo delante de Ti para pedirte perdón por haber permitido que otros me retengan. Perdóname por haber tratado de llenar un lugar en sus vidas que solo Tú puedes llenar. Señor, pasa Tu espada entre _____ y yo. Que nada quede entre nosotros, sino tal solo tú. Suelto a esta persona a tu cuidado y me entrego a Tu fluir y dirección para mi vida. Inúndame por Tu Espíritu y lávame en Tu río.

Deja que el río de Dios te sobrepase y te lleve. El río traerá vida a quienes amas. ¿Cómo podrás refrescar a otros si tu no eres refrescada? Camina río adentro arrójate a las aguas.

Epílogo

Mas a vosotros los que teméis mi nombre, nacerá el Sol de justicia, y en sus alas traerá salvación; y saldréis, y saltaréis como becerros de la manada.
—Malaquías 4:2

¿Alguna vez has visto un becerro saltando de su establo? Tan pronto como la puerta se abre, sale corriendo, pateando y brincando. Mirándolo, ¡uno no puede imaginar como el establo lo contuvo! Dios usa esta analogía para describir la liberación de Su pueblo, aquellos que reverencian y honran Su nombre. Las personas habían estado encerradas en un establo. Ahora Él quiere librarlas para que salgan a alimentarse y a retozar en los campos.

Noten que antes de la liberación, Él sanaría. Su sol de justicia se levantará con sanidad. El sol es una bola de constante fuego consumidor. Podemos estar seguros que Dios está hablando del fuego porque en Malaquías 4:1 dice:

¡Fuera de control y disfrutándolo!

Porque he aquí viene el día ardiente como un horno, y todos los soberbios y todos los que hacen maldad será estopa; aquel día que vendrá los abrasará, y no les dejará ni raíz ni rama.

Esto describe el fuego refinador del juicio de Dios sobre los orgullosos y malvados. Los quemará hasta que no quede nada. El mismo fuego que los destruirá purificará a los creyentes que aman y temen a Dios. La Palabra de Dios nos da vida y luz, pero la misma Palabra pronuncia juicio en el mundo de inconversos.

Después de que Dios nos sane y nos suelte, "hollaremos a los malos, los cuales serán ceniza bajo las platas de sus pies, en el día que Dios actúe" (Mal. 4:3). ¿Estás lista para ser liberada?

En este libro he intentado compartir con candidez con la esperanza de que con mi franqueza puedas conocerte más. Es mi oración que al compartir libremente de mis ataduras puedas identificarte con el proceso de liberación de Cristo. Lo he escrito desde mi corazón al tuyo.

Algo mayor te espera, una libertad como la que nunca hayas experimentado. Es una libertad sin precio que deberás luchar por mantener. Sin embargo, debes permitir que Dios sea quien juzgue a quienes te rodean. Solo debes someterte al refinamiento y sanidad de Dios.

Yo creo que las verdades en este libro son parte del proceso. Conocerás la verdad y la verdad te soltará. Te soltará del cautiverio.

Ahora es tiempo de pisotear y hollar cada yugo de peso y cautiverio que el enemigo ha puesto sobre tus hombros. Suelta el yugo del control. Dale a Dios el cuidado de todas las cosas. Suelta todo.

Yo quiero que visualices las preocupaciones o

Epílogo

impedimentos que te pesan como yugos de ataduras. Levántalos de tus hombros y arrójalos a tus pies. Escribe todas tus preocupaciones en una hoja y colócala en el suelo. Ahora dirígete en oración: Control y temor, les hablo en el Nombre de Jesús. Me niego a estar bajo su atadura y servidumbre. Renuncio a sus cargas. Ya no tomaré el yugo de la religión o el temor del hombre. Yo solo estaré en yugo a la par de mi Amo, Jesucristo. Yo entrego el control de mi vida, familia, finanzas, seguridad y posición. Los piso bajo mis pies para significar que el fuego de Dios ha quebrado este yugo en mi vida.

¡Gracias sean dadas a Dios que nos da la victoria!

Apéndice

Proverbios relacionados a los chismes

El sabio de corazón es llamado prudente, y la dulzura de labios aumenta el saber (16:21).

El hipócrita con la boca daña a su prójimo; mas los justos son librados con la sabiduría (11:9).

Las palabras de los impíos son asechanzas para derramar sangre, mas la boca de los rectos los librará (12:6).

El corazón entendido busca la sabiduría; mas la boca de los necios se alimenta de necedades (15:4).

El corazón del justo piensa para responder; mas la boca de los impíos derrama malas cosas (15:28).

El corazón del sabio hace prudente su boca, y añade gracia a sus labios. Panal de miel son los dichos suaves; suavidad al alma y medicina para los huesos (16:23–24).

Apéndice: Proverbios relacionados con los chismes

La cordura del hombre detiene su furor, y su honra es pasar por alto la ofensa (19:11).

Honra es del hombre dejar la contienda; mas todo insensato se envolverá en ella (20:3).

Sin leña se apaga el fuego, y donde no hay chismoso, cesa la contienda (26:20).

El que encubre sus pecados no prosperará; mas el que los confiesa y se aparta alcanzará misericordia (28:13).

Casa Creación

Presenta

*libros que edifican
inspiran y fortalezen*

CASA CREACIÓN
ALIMENTANDO SU ESPÍRITU

www.vidacristiana.com

Casa Creación

Presenta

*libros que edifican
inspiran y fortalezen*

www.vidacristiana.com

También a su disposición...

CARISMA Y
Vida Cristiana

La revista que le trae noticias de la obra de Dios en el pueblo hispano.

☐ ¡Si! Quiero recibir *Vida Cristiana* 6 numeros $12.00

☐ ¡Si! Quiero recibir *Vida Cristiana* 12 numeros $22.00

Nombre

Dirección

Ciudad/Estado/Código Postal/País

Información de Pago:
☐ Cheque o giro postal   ☐ Tarjeta de Credito VISA ___MC___

Número de Tarjeta   **Firma**

☐ Favor enviar factura (solamente dentro de los EE.UU., sus territorios, bases militares y Canada)

Para Suscripciones fuera de los EE.UU. añada $10 por suscripción de 1 año y $15 a las de 2 años.